D1722439

Dorpat-Tartu

in alten Ansichten

von
Erik Thomson

Europäische Bibliothek - Zaltbommel/Niederlande MCMLXXXII

SU   ISBN 90 288 1753 0

Im Verlag Europäische Bibliothek in Zaltbommel/Niederlande erscheint unter anderem die nachfolgende Reihe:

IN ALTEN ANSICHTEN, *eine Buchreihe in der festgelegt wird wie eine bestimmte Gemeinde zu 'Großvaters Zeiten', das heißt in der Zeit zwischen 1880 und 1930, aussah. In dieser Reihe sind bisher in etwa 400 Einzelbänden Gemeinden und Städte in der Bundesrepublik dargestellt worden. Es ist geplant, diese Reihe fortzusetzen. Unter dem Titel* In oude ansichten *sind bisher etwa 1 250 Bände über Städte und Dörfer in den Niederlanden erschienen. In Belgien ist die Buchreihe mit* In oude prentkaarten *beziehungsweise* En cartes postales anciennes *betitelt und umfaßt 400 Bände. In Österreich und in der Schweiz sind unter dem Titel* In alten Ansichten *bisher 40 beziehungsweise 15 Bände erschienen. Weitere 150 Bände beschreiben Gemeinden und Städte in Frankreich, und zwar in der Buchreihe* En cartes postales anciennes.*

Näheres über die erschienenen und geplanten Bände der verschiedenen Buchreihen erhalten Sie bei Ihrem Buchhändler oder direkt beim Verleger.

Dieses Buch wurde gedruckt und gebunden von dem Grafischen Betrieb De Steigerpoort in Zaltbommel/Niederlande.

Im Jahre 1030, so wissen alte russische Chroniken aus Nowgorod und Pleskau zu berichten, unternahm der russische Großfürst Jaroslaw der Weise einen Kriegszug gegen die Esten. Er besiegte sie und gründete am Ufer des Embach, dort, wo seit unvordenklichen Zeiten die Esten ihre Götter verehrten und eine Burg sie vor Feinden schützte, den 'Grad Jurjew'. Doch bereits im Jahre 1061 gelang es den Esten, die Eroberer zu vertreiben. Da sie damals kein eigenes Schrifttum kannten, fehlen uns Nachrichten aus der Folgezeit, und erst als deutsche Kaufleute die Gestade an der Ostküste der Ostsee zu befahren begannen, die Stadt Riga (1201) und der Orden der Schwertbrüder gegründet wurde, der später im Deutschen Orden aufging, tritt das Land erneut ins Blickfeld der Chronisten.

Im Jahre 1212 besetzten die Deutschen jene Siedlung, die wir seitdem Dorpat nennen, im Estnischen Tartu. Sie verloren sie 1223 während eines Estenaufstandes und stürmten sie anschließend erneut. Bischof Hermann erbaute eine mächtige Burg und eine stolze Kathedrale, und eine durch viele Türme verstärkte Mauer umgab fortan den Domberg und die Siedlung zu seinen Füßen, die sich zunächst bis zum Ufer des Embach erstreckte. Dorpat gehörte in der Folgezeit dem Städtebund der Hanse an; neben Riga und Reval entsandte es seine Vertreter zu den Landtagen, beteiligte es sich an der Landespolitik.

Seit dem 16. Jahrhundert wurde die Stadt wiederholt zum Schauplatz erbitterter Kämpfe um den Besitz des Landes. Im Jahre 1524 loderte das von Luther in Wittenberg entzündete Feuer der Reformation auch in Dorpat in hellen Flammen. Bilderstürme verwüsteten die inzwischen hier entstandenen zahlreichen Kirchen und Klöster. Im Jahre 1558 eroberten die Russen die Stadt. Viele Bürger wurden nach Rußland verschleppt, in der Stadt ein Blutbad angerichtet. Die Zeit der Ordensherrschaft ging zu Ende. Im Jahre 1582 wurde Dorpat von den Russen geräumt und den Polen übergeben. Im Jahre 1600 eroberten Schweden die Stadt, doch kehrten 1602 die Polen wieder zurück, um Dorpat 1625 erneut den Schweden zu überlassen. Im Jahre darauf erschien König Gustav II. Adolf in Dorpat. Ruhe und Ordnung kehrten für einige Dezennien ein. Der König gründete hier eine Universität und unterzeichnete ihre Stiftungsurkunde am 30. Juni 1632 im Feldlager vor Nürnberg. Als die Russen Dorpat im Jahre 1656 erneut eroberten, wurde die Tätigkeit dieser 'Academia Gustaviana' unterbrochen, und erst 1690 wieder aufgenommen, als die Schweden erneut Herren des Landes waren.

Sie blieben es indessen nicht lange, denn während des Nordischen Krieges im Jahre 1704 eroberten die Russen Dorpat, das nun für einen längeren Zeitraum in ihrem Besitz bleiben sollte. Peter I. von Rußland befahl im Jahre 1708 die Zerstörung der Festungswerke und den Abtransport der gesamten deutschen Einwohnerschaft in das Innere Rußlands. Die Universität schloß ihre Tore, wurde nach Pernau verlegt (1699), wo sie im Jahre 1710 in den Wirren des Nordischen Krieges unterging.

Es dauerte lange, bis sich Dorpat von den schweren Wunden erholte, die der Krieg ihm geschlagen hatte. Im Jahre 1714 durften die nach Rußland verschleppten Bürger, soweit sie noch am Leben waren, nach Dorpat zurückkehren. Durch Kriege seitdem weitgehend verschont, litt die Stadt in der Folgezeit jedoch wiederholt unter verheerenden Feuersbrünsten, so vor allem in den Jahren 1755 und 1775.

Eine neue Blütezeit für die Stadt begann mit der im Jahre 1802 erfolgten Neugründung der Universität durch Kaiser Alexander I. von Rußland. Dem ersten Rektor, dem Württemberger Parrot, und dem ersten Kurator, Maximilian Klinger, einem Jugendfreund Goethes, folgten viele bedeutende Männer, denen es zu danken ist, daß die Universität Dorpat zu Ansehen und Ruhm gelangte, der bis in unsere Tage nachklingt. Durch die stilvollen Universitätsbauten des Schlesiers Krause und die Pflege der Domanlagen wurde Dorpat zum 'Embach-Athen', einem 'Heidelberg des Nordens'. Mit dem allestnischen Sängerfest, das im Jahre 1869 in Dorpat stattfand, wurde der Grund zu einer Tradition gelegt, die noch heute, unter grundlegend veränderten Bedingungen, zu den eindrucksvollsten nationalen Manifestationen des estnischen Volkes gehören.

Manches schwere Jahr hat Dorpat noch überstehen müssen, wie etwa die Russifizierung am Ausgang des 19. Jahrhunderts, den Ersten Weltkrieg und die Herrschaft der Bolschewiken an seinem Ausgang. Eine geschichtliche Stunde schlug schließlich der Stadt und dem Lande, als am 2. Februar 1920 in Dorpat der Friedensvertrag zwischen Estland und Sowjetrußland den Freiheitskrieg des estnischen Volkes für staatliche Unabhängigkeit und das Selbstbestimmungsrecht beendete und Sowjetrußland 'für ewige Zeiten' auf alle bisherigen Souveränitätsrechte im Lande verzichtete und die staatliche Selbständigkeit Estlands de jure anerkannte.

20 Jahre später allerdings wurden die 'ewigen Zeiten' durch die militärische Besetzung des Landes seitens der Sowjetunion willkürlich beendet, das Land zur Sowjetrepublik erklärt und der Union der Sozialistischen Sowjetrepubliken einverleibt. Der Zweite Weltkrieg fügte Dorpat schwere Verluste zu. Es verlor viele seiner historischen Bauten, ganze Stadtviertel wurden vernichtet, in denen heute, nach dem Wiederaufbau der Stadt, Allerweltsbauten stehen, die mit dem alten 'Embach-Athen' nichts mehr zu tun haben, wie es in den Herzen derer weiterlebt, die hier gelebt oder hier studiert haben, und nur die erhalten gebliebenen Universitätsbauten und einige Denkmäler und Gedenksteine auf den Friedhöfen erinnern an die alte Alma mater Dorpatensis und an ihre großen Söhne.

Die Bildvorlagen zu diesem Album wurden zur Verfügung gestellt von: Herbert Arst (Bradford, England), Baltische Zentrale Bibliothek, Otto Bong (Lüneburg), Carl-Schirren-Gesellschaft (Lüneburg), Alma Hiitonen (Helsinki, Finnland), Dr. Ilo Käbin (Lund, Schweden), Mag. Bernard Kangro (Lund, Schweden), Prof. Dr. Dietrich Loeber (Hamburg), Harald Nurk (Älvsjö, Schweden), Elmar Ojaste (Västra Frölunda, Schweden), Aleksander Raukas (Saltsjöbaden, Schweden), Prof. Dr. Per Wieselgren (Eslöv, Schweden), Werner Chr. Winter (Hamburg), Wolf Paul Wulffius (Bremerhaven), Kriegsarchiv (Stockholm), Bildarchiv des Verfassers.

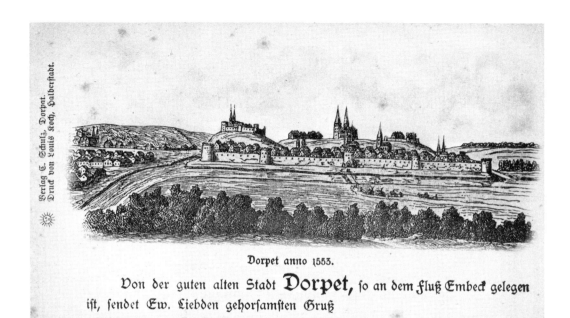

Dorpet anno 1553.

Von der guten alten Stadt **Dorpet**, so an dem fluß Embeck gelegen
ist, sendet Ew. Liebden gehorsamsten Gruß

1. Diese im Verlag C. Schulz in Dorpat erschienene und bei Louis Koch in Halberstadt gedruckte Karte zeigt uns jenes alte Dorpat, das bis auf Reste der Vergangenheit angehört. Wir sehen auf dem Domberg das Bischofsschloß, rechts die zweitürmige Domkirche, deren Ruine heute noch steht, zu ihren Füßen den Turm der Johanniskirche, ebenfalls nur noch als Ruine erhalten. Die Stadtmauer, die dem Lauf des Embach folgt, ist völlig verschwunden, mit ihr das 'Deutsche' und das 'Russische' Tor.

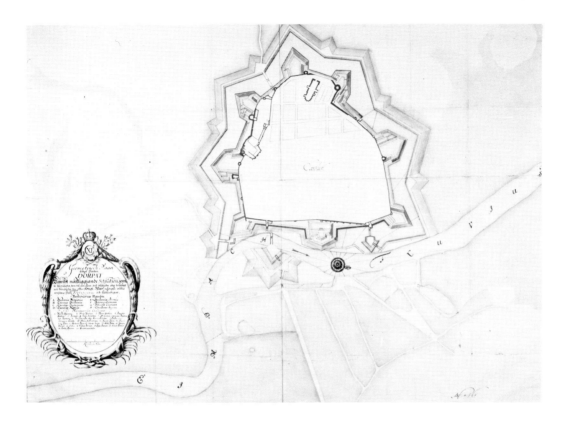

2. Krieg und Feuersbrünste haben das mittelalterliche Dorpat völlig zerstört. Es war eine stark befestigte Stadt, wie noch dieser Plan aus dem 17. Jahrhundert sie zeigt. Wir wollten ihn an die Spitze der Bilderreihe setzen, die uns durch das alte Dorpat führt. Aus dem Mittelalter haben nur zwei Kirchen die Stürme der Jahrhunderte überstanden. Ihre Bilder werden wir nachfolgend noch zeigen. Viele Bauwerke aus späterer Zeit sind in nachfolgenden Kriegen und Feuersbrünsten zerstört worden.

Dorpat. Domruine.

3. Von den ältesten Sakralbauten der Stadt stehen heute nur noch zwei: Die St.-Peter- und Paulskathedrale (Domkirche) und die St.-Johanniskirche. Von ihrer einstigen Schönheit künden heute nur noch ihre Ruinen. Aus dem 13. Jahrhundert stammt die Domkirche, eine mächtige zweischiffige Basilika mit zwei Türmen von zirka 67 Meter Höhe an ihrer Westfassade. Der äußere Verfall dieser Kirche, die ihresgleichen in den baltischen Landen nicht hatte, begann nach den Bilderstürmen im Jahre 1525.

Dorpat · Domruine.

4. Erhebliche Beschädigungen erlitt die Domkirche wie auch die ganze Stadt, in der Zeit des Livländischen Krieges (1558-1583). Sie wurde vorübergehend als Getreidespeicher benutzt und stand schon im Jahre 1613 völlig in Ruinen. Was der Livländische Krieg noch nicht völlig zu zerstören vermocht hatte, fiel im Jahre 1624 einem Brand zum Opfer, der durch ein Sonnenwendfeuer (Johannifeuer) verursacht worden war. Den stehengebliebenen Mauern schlugen Bomben, die während des Nordischen Krieges sie trafen, Lücher und Breschen.

DORPAT
Domruine

5. Als im Jahre 1802 die Universität nach einem Jahrhundert seit ihrer Auflösung wieder eröffnet wurde, beschlossen Professor Johann Karl Simon Morgenstern (1770-1852) und der Universitätsarchitekt Johann Wilhelm von Krause (1757-1828), die Mauern der Domkirche für die Errichtung der Universitätsbibliothek zu benutzen. Diese Pläne aus dem Jahre 1802 sind nicht in vollem Umfang verwirklicht worden. Es erfolgte lediglich der Ausbau des Chores der Kirche zur Universitätsbibliothek, die im Herbst 1806 eröffnet werden konnte.

Dorpat
Domruine

6. Dieses Bild zeigt ein Seitenschiff der Domruine, vom Chor aus gesehen. Die Bibliothek im Chor der Ruine beherbergt wertvolle Schätze, unter ihnen 45 vor 1500 gedruckte 'Wiegendrucke', zahlreiche Ausgaben berühmter Buchdrucker des 16. und 17. Jahrhunderts, Werke bekannter Wissenschaftler, die älteste estnische Literatur mit dem ersten im Jahre 1637 in Estland gedruckten Buch in estnischer Sprache, 350 000 Dissertationen, ferner Handschriften, deren älteste aus dem 13. Jahrhundert stammen; sie finden sich hier ebenso wie Briefe und Autographen bedeutender Persönlichkeiten.

7. Einen besonders guten Eindruck von der Größe der Domkirche vermittelt diese Luftaufnahme. Die Universitätsbibliothek verfügt nicht nur über wertvolle Bestände an Handschriften, so von Schiller, Heine, Haydn und Beethoven sowie vieler anderer Größen des Geistes, mit denen vor allem Professor Morgenstern in regem Schriftverkehr stand. Sie verfügt auch über eine beachtliche Graphiksammlung mit mehr als 4 400 Stichen und Zeichnungen, Gravüren und Bildern westeuropäischer und baltischer Meister aus dem 16. bis 19. Jahrhundert.

8. In der Graphiksammlung der Universitätsbibliothek finden sich Originalzeichnungen von der Hand Johann Wolfgang von Goethes, nicht zuletzt aber auch die von Gerhard von Kügelgen gemalten Porträts von Herder, Goethe, Wieland und Morgenstern. Auch sie werden in der Universitätsbibliothek aufbewahrt, die schon seit langem ihre Schätze kaum unterzubringen vermag. Der dringend erforderlich gewesene Neubau einer allen Anforderungen gewachsenen Bibliothek ist vor kurzem zum Abschluß gelangt, was zu einer wesentlichen Entlastung der historischen Räume geführt haben dürfte.

9. Seit im Jahre 1710 die erste Universität ihre Tore schloß, fehlte es nicht an Bemühungen um ihre Wiedereröffnung. Immerhin sollte noch fast ein Jahrhundert vergehen – eine Zeit, in der neben Dorpat auch Mitau in Kurland als Sitz einer künftigen Universität ins Gespräch kam – bis der Plan verwirklicht werden konnte. Nach Bestätigung der Universitätsstatuten durch Alexander I. von Rußland fand am 21. April 1802 in einem Gebäude am Großen Markt, das heute noch steht, die feierliche Eröffnung der neuen Universität, der Universitas Dorpatensis, statt.

10. Diese winterliche Aufnahme eines estnischen Heeresfliegers stammt aus dem Jahre 1922. Sie zeigt uns das geistige Zentrum von Dorpat: das Hauptgebäude der Universität, in den Jahren 1803/1809 errichtet. Auf seiner Rückseite, flankiert von den beiden Seitenflügeln des Hauptgebäudes, ist das Dach der Universitätskirche zu sehen. Diese Gebäude gehören zu den wenigen bedeutenden Bauten des alten Dorpat, die den Zweiten Weltkrieg unversehrt überstanden haben. Die Pläne für das Universitätsgebäude schuf der aus Schlesien stammende Universitätsarchitekt Johann Wilhelm von Krause.

11. Dort, wo sich heute das Hauptgebäude der Universität befindet, stand früher die alte Marienkirche aus dem 13. Jahrhundert. Sie wurde 1625 zur Garnisonskirche, 1632 Universitätskirche. Während des Nordischen Krieges zerstört, diente sie später als Steinbruch. Die bei den Ausschachtungsarbeiten für das neue Universitätsgebäude auf dem umliegenden Friedhof gefundenen Gebeine wurden bei dieser Gelegenheit in den Wallgraben umgebettet. Ein Gedenkstein bezeichnet ihre neue Ruhestätte. Im Hintergrund erkennen wir auf diesem Bild den Turm der Sternwarte.

Tartu Ülikooli päähoone

12. Im Hauptgebäude der Universität, das im Jahre 1809 fertiggestellt wurde, spiegelt sich ein Stück Universitätsgeschichte. Es beherbergte die Universitas Dorpatensis, aus der viele berühmte Gelehrte hervorgegangen sind. Sie wurde gegen Ende des 19. Jahrhunderts einer drastischen Russifizierung unterzogen, die Stadt in 'Jurjew' umbenannt. Auf den Giebel des Gebäudes setzte man ein russisches Doppelkreuz, auch ein byzantinisches Glockentürmchen. Der Rückschritt der Leistungen der Universität war unverkennbar. 'Auf das Grab der Wissenschaft gehört auch ein Kreuz' sagte damals ein bekannter Dorpater Theologe.

13. Im Jahre 1918 wurde Dorpat von deutschen Truppen besetzt, im September eine deutsche Universität eröffnet, die beim Zusammenbruch Deutschlands im November 1918 ihre Tore jedoch wieder schließen mußte. Die Universität wurde den Esten übergeben, konnte jedoch, da der Freiheitskrieg Estlands alle Kräfte des Landes in Anspruch nahm, erst am 1. Dezember 1919, ein Jahr nach der Übernahme von den Deutschen, als Universität Tartu des Freistaates Estland feierlich eröffnet werden. Der 1. Dezember gilt seitdem als ihr Jahrestag, der überall in der Welt, wo estnische Flüchtlinge in größerer Zahl leben, festlich begangen wird.

14. Auf den Fundamenten des im Jahre 1704 zerstörten Bischofsschlosses errichtet, ist die Sternwarte, die diese alte Ansicht zeigt, mit heutigen Einrichtungen dieser Art verglichen, ein überaus bescheidenes Bauwerk; sie genoß jedoch bereits um die Mitte des 19. Jahrhunderts Weltruf. Der im Jahre 1810 von Johann Wilhelm von Krause errichtete kreuzförmige klassizistische Bau, dessen Turm im Jahre 1824 seine heutige Gestalt erhielt, wurde durch den aus Altona gebürtigen Astronomen Friedrich Georg Wilhelm von Struve (1793-1864) berühmt. Struve wirkte hier von 1820 bis 1839 und rüstete die Dorpater Sternwarte mit den besten Beobachtungsinstrumenten der damaligen Zeit aus.

TARTU. Tähetorn.
DORPAT. Sternwarte.

15. Die Dorpater Sternwarte beherbergte seit den zwanziger Jahren des 19. Jahrhunderts der Welt größtes Linsenfernrohr, den Frauenhoferschen Refraktor, mit dem beachtliche wissenschaftliche Leistungen erzielt wurden. Struve verließ Dorpat im Jahre 1839, um die Leitung des Observatoriums Pulkovo bei St. Petersburg zu übernehmen. In Dorpat traten an seine Stelle Johann Heinrich Mädler (1794-1874) und, in unserem Jahrhundert, Ernst Öpik (geboren 1893), ein Astronom vom Weltruf, dessen 'Untersuchungen über die Fixsternsysteme' 1956 in Haarlem von der holländischen Gesellschaft der Wissenschaften preisgekrönt wurden.

16. Das alte Anatomikum ('Theatrum Anatomicum'), im Jahre 1805 nach Plänen von Johann Wilhelm von Krause erbaut, gehört zu den ältesten Gebäuden auf dem Domberg. Sein mittlerer Teil – die Rotunde in klassizistischem Stil – wurde durch den Anbau von Flügeln, die sich ihm halbkreisförmig anschlossen, später erweitert. Eine nochmalige Erweiterung durch den Anbau großer Eckhäuser, erfolgte in den Jahren 1856/1860. Seit dem Bestehen des Anatomikums fanden hier mehrere Lehrstühle der Medizinischen Fakultät ihren Platz: Anatomie und Pathologische Anatomie, Physiologie und Pharmakologie; viele bedeutende Gelehrte haben hier ihre Vorlesungen gehalten.

17. Die Gründung des Botanischen Gartens erfolgte bereits im Jahre 1803. Seine Fläche beträgt nur 3,28 Hektar. Auf seinem Gelände stand ehemals der Pulverturm, als Hügel noch erkennbar, der beim Angriff der Russen im Jahre 1704 erbittert umkämpft war. Im Botanischen Garten erinnert ein Gedenkstein an 'G.A. Germann. I. Direktor. 1803-1809'. Unter Karl Friedrich von Ledebour (1785-1851) und Alexander von Bunge (1803-1890), bedeutende Botaniker, erlangte Dorpats Botanischer Garten Weltruhm. Ledebour, aus Stralsund gebürtig, erlangte durch seine 'Flora rossica' europäischen Ruf.

18. Dieser 'Gruss aus Dorpat', zugleich Glückwunsch zum Neuen Jahre, wurde am 28. Dezember 1898 abgeschickt und am 13. Januar 1899 am Bestimmungsort, Wonsees über Kulmbach in Bayern, abgestempelt. Wir sehen auf der Karte (von links nach rechts) markante Bauwerke der Stadt: die Steinbrücke, die wir noch mehrfach sehen werden, die Domruine — nur schemenhaft über den Baumwipfeln zu erkennen, und das Hauptgebäude der Universität (mit dem Türmchen der Sternwarte im Hintergrund), darunter noch einmal die Domruine, hier den zur Universitätsbibliothek ausgebauten Altarchor.

Bankgebäude u. Marktplatz.

Ritterstrasse.

Neumarktstrasse u. Burger Müsze.

Kaufhof u. Kindergarten.

Barclay-Monument u. Kindergarten.

GRUSS aus der EMBACHSTADT

Herzlichen Glückwunsch zum Neuen Jahre!

Bertha Duglas.

19. Diese Neujahrskarte wurde am 30. Dezember 1898 in Dorpat abgestempelt. Sie zeigt in der oberen Reihe (von links nach rechts): das alte Bankgebäude als Hintergrund des Markttreibens auf dem Großen Markt, die Ritterstraße als eine der repräsentativsten Straßen des alten Dorpat, und die Neumarktstraße, an der die im Jahre 1842 gegründete Dampfbäckerei, Konditorei und Pfefferkuchenfabrik E.G. Boening lag. Ferner, auf der linken Seite der Karte, das mächtige Geviert des Kaufhofes und den Barclayplatz. 'Schmückendes Beiwerk' sind die russische Kaiserkrone, die Wappen von Dorpat und Livland, sowie ein Soldat, der vor einer russischen Fahne steht.

20. Einen Stempel vom 3. Mai 1898 trägt diese aus der Embachstadt Dorpat nach Schloß Borkholm, Station Tamsal in Estland, geschickte Grußkarte. Sie zeigt (von links nach rechts): die Schloßstraße mit der 'Engelsbrücke', die Ruine der Domkirche mit dem zur Universitätsbibliothek ausgebauten Chor, sowie eine Vorläuferin der heutigen 'Teufelsbrücke', von der wir nur dieses eine Bild vorlegen können. Wir werden allen drei Bauwerken noch auf anderen Bildern begegnen. Daß die Domruine immer mehr verfällt, erkennt man auf Bildern neueren Datums.

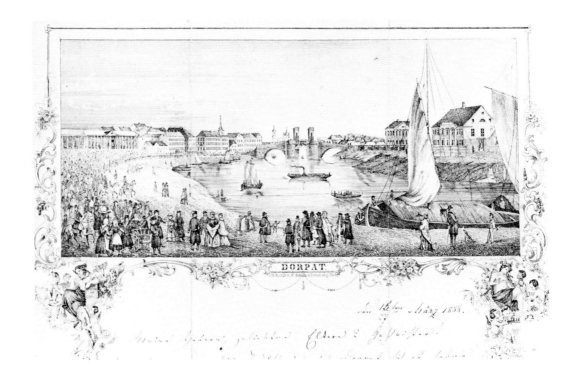

DORPAT

21. Bei dieser alten Darstellung der Embachstadt ist nicht nur sie selbst bemerkenswert, wertvoll auch ihre Datierung '15./27. März 1858'. Das Bild zeigt uns den Embach mit einem der mächtigen Transportkähne des Peipussees im Vordergrund, mit der Steinbrücke als Bildabschluß, daneben (links) die Türme der apostolisch-rechtgläubigen Uspenskikirche, den Turm der Johanniskirche, und, am linken Bildrand, die Kolonnaden des Kaufhofes. Zu dem Bild scheint uns der Text darunter nicht recht zu passen: *Ihr seht, wie die Industrie in Dorpat sich zu heben...* (beginnt). Was mag damit gemeint gewesen sein?!

22. Diese aus dem Jahre 1918 stammende Luftaufnahme zeigt uns Stadtteile zu beiden Seiten des Embach, der sich malerisch durch die Stadt schlängelt, die während des Zweiten Weltkrieges weitgehend zerstört worden sind. Der Stadtkern und der Domberg sind nicht zu sehen; der Betrachter muß sie sich außerhalb des unteren Bildrandes denken. Nur die Steinbrücke im Vordergrund ist gut zu erkennen. Wer sie, von links kommend, überschritt, gelangte auf geradem Wege über den Großen Markt zum Rathaus.

23. Zu den schönsten Zeichnungen Rudolph Julius von zur Mühlens — auf die wir in unserer Bilderfolge einige Male zurückgreifen werden, da der Künstler mit außerordentlicher Treue im Detail fotografisch genau Szenen aus dem Leben der Stadt festgehalten hat — gehört sicherlich die hier dargestellte Partie am Embach mit der Steinbrücke sowie den Türmen der Uspenskikirche im Hintergrund. Lastkähne und die beschauliche Bootspartie einer Menschengruppe beleben das Bild in anmutigster Weise.

24. Und hier nun die Steinbrücke selbst, die wohl zu den schönsten und sicherlich auch am meisten fotografierten Bauwerken des alten Dorpat gehörte. Im Zuge des Wiederaufbaues von Dorpat nach der fast völligen Zerstörung der Stadt während des Nordischen Krieges und der Verschleppung der Einwohnerschaft in das Innere Rußlands, verdient die Errichtung der Steinbrücke über den Embach besondere Erwähnung. Sie wurde von der Kaiserin Katharina II. von Rußland angeordnet, die für den Bau der Brücke im Jahre 1783 6 000 Rubel anweisen ließ.

25. Die Errichtung der Steinbrücke über den Embach fällt mit
dem Baubeginn eines neuen Rathauses (1782) zusammen.
Steinbrücke und Rathaus, gleich alt, stehen als Endpunkte
und Blickfang an den beiden Enden des langgestreckten
Großen Marktes. Aus mächtigen Granitquadern gefügt, verband die Steinbrücke die Altstadt mit den emporblühenden
Stadtteilen am Ostufer des Embach. Mit ihrem Bau wurde im
Jahre 1781 begonnen; ihre Ferstigstellung erfolgte im Jahre
1784.

26. Nach ihrer Fertigstellung trug die Steinbrücke auf ehernen Tafeln folgende Inschrift in lateinischer und deutscher Sprache: 'Siste hic impetus flumen, Catharina II. jubet, cuius munificentia haec moles in commodum publicum exstructa Livoniaque primo ponte lapideo adornata. MDCCLXXXIII' – 'Strohm, zaehme hier deinen Lauf, Catharina II. gebots. Ihre Freygebigkeit wirckte diesen Bau zum Nutzen des Lands und zierte Liefland mit seiner ersten steinernen Bruecke'. Ferner die Inschrift 'Unter Direkt. D.H. Obristl. und Rittm. von Schroeder wurde 1781 der erste Stein zu diesem Bau gelegt, 1784 geendiget. Joh, Ant. Zaklowski'.

27. Seit dem Jahre 1784 stellte die Steinbrücke mit ihren beiden Triumphbogen eine echte Zierde der Embachstadt dar. Sie verband das Ostufer mit dem Westufer, wie wir dies auf einer seltenen Luftaufnahme (aus dem Jahre 1922) sehen. Jenseits des zugefrorenen Flusses sehen wir den Großen Markt, der bei der Steinbrücke beginnt.

28. Neben der Steinbrücke, die auch auf diesem Bild im Mittelpunkt steht, sollte an dieser Stelle auch die apostolisch-rechtgläubige Uspenskikirche Erwähnung finden, deren Glockenturm rechts neben dem Mast des Lastkahnes zu sehen ist. Sie wurde in den Jahren 1776/1783 nach Entwürfen des Architekten P. Spekle errichtet und später erweitert. Sie ist ein Kuppelbau mit einem großen und vier kleinen Türmen mit kuppelförmigen Helmen. Dem Gebäude schließt sich ein vierkantiger, stufenförmig, sich nadelscharf verengender Glockenturm an.

Kivisild Ctonporto   Tartu Lesti

29. Heute steht die Steinbrücke nicht mehr. Als im Jahre 1941 der Krieg zwischen der Sowjetunion und dem damaligen Deutschen Reich ausbrach und der zunächst siegreiche Vormarsch der Deutschen Wehrmacht die baltischen Länder erreichte, wurde sie von der Roten Armee bei ihrem Rückzug in die Luft gesprengt und dabei völlig vernichtet. Heute führt an ihrer Stelle lediglich eine Fußgängerbrücke über den Fluß, die im Jahre 1959 dem Verkehr übergeben wurde.

TARTU. Kivisild
DORPAT. Steinbrücke

30. Hier sehen wir die Steinbrücke einmal aus einer ganz anderen Perspektive vom Ostufer des Embach aus. Wir sehen, daß der Verkehr über die Brücke auf den Großen Markt einmündet, an dessen entgegengesetztem Ende das Rathaus mit seinem barocken Türmchen gerade noch zu erkennen ist, während am linken Bildrand ein Teil des Kaufhofes, vom eifrigen Treiben eines Markttages umflutet, in das Bild hineinragt.

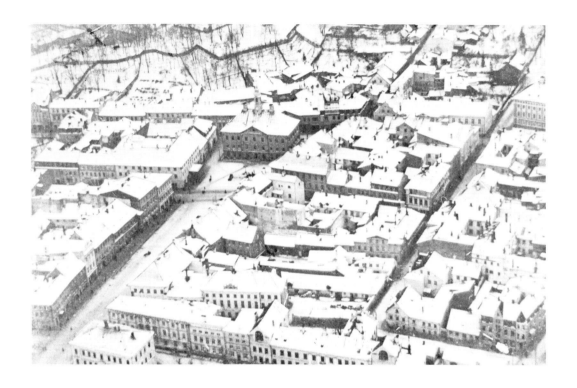

31. Im Mittelpunkt dieser Luftaufnahme – die eine Verlängerung des Bildes links darstellt – steht das Rathaus. Wir sehen aber nicht nur dieses, sondern überblicken den Großen Markt in seiner ganzen Ausdehnung und einen guten Teil der Innenstadt zu Füßen des Domberges, der sich links oben andeutet. Am rechten Bildrand ragt das Hauptgebäude der Universität in das Bild. Vieles, was wir hier sonst noch vor uns ausgebreitet sehen, sieht heute ganz anders aus, insbesondere wurden die Häuser hinter dem Rathaus durch Kriegseinwirkung zerstört und nicht wieder aufgebaut, während Rathaus und Universität erhalten blieben.

32. An beherrschender Stelle und als Abschluß des Großen Marktes steht das Rathaus, das dritte an dieser Stelle, nachdem das erste zu Beginn des 17. Jahrhunderts, das zweite während des Nordischen Krieges völlig zerstört wurde. Es dauerte lange, bis an einen Neubau gedacht werden konnte, denn Krieg und Brand, Pest und Verschleppung der Bevölkerung hatten der Stadt in einem Maße zugesetzt, daß ihr Wiederaufbau sich verzögerte. Mit dem Bau des neuen Rathauses wurde im Jahre 1782 begonnen; sieben Jahre später war es fertiggestellt.

33. Hier sehen wir den Großen Markt, vom Rathaus aus fotografiert. Die Weitläufigkeit des Platzes wirkt durch seine Menschenleere und das Fehlen von Fahrzeugen besonders eindrucksvoll. Die klassizistischen Fassaden der Wohnhäuser, die an ihm liegen und zu denen auch ein Haus des Feldmarschalls Fürst Barclay de Tolly gehörte, verleihen dem Platz sein besonderes Gepräge. Er findet seinen eindrucksvollen Abschluß mit den Triumphbogen der Steinbrücke. Die Aufnahme stammt aus dem Jahre 1918.

TARTU. Raekoda
DORPAT. Rathaus

34. Autor des Projekts und Leiter der Bauarbeiten bei der Errichtung des Rathauses war der aus Deutschland eingewanderte Baumeister J.H.B. Walter. Das Bauwerk gehört der frühklassizistischen Bauperiode an, mit der Abweichung allerdings, daß das Türmchen barocke Züge aufweist. Estnische Kunsthistoriker sehen in den im 17. Jahrhundert in den Niederlanden verbreiteten Stadtpalästen große Vorbilder für das Dorpater Rathaus, das heute den Stadtsowjet der Deputierten der Werktätigen und das Exekutivkomitee beherbergt. Die hinter dem Rathaus sichtbaren Gebäude fielen dem Zweiten Weltkrieg zum Opfer.

Peetrikirik
Petrikirche

Paulusikirik
Pauluskirche

Jaanikirik
Johanniskirche

Maarjakirik
Marienkirche

Tartu — Dorpat

35. Die vier markantesten Gotteshäuser evangelisch-lutherischer Gemeinden in Dorpat zeigt diese Karte: die pseudogotische Petrikirche wurde in den Jahren 1882/1884 errichtet, während die Pauluskirche, in den Kriegsjahren 1915/1919 erbaut, ein Werk des finnischen Architekten Eliel Saarinen ist. Die aus dem frühen 14. Jahrhundert stammende Johanniskirche wurde ebenso wie die im Jahre 1842 vollendete Marienkirche während des Zweiten Weltkrieges zerstört. Beide Kirchen sind nicht wieder aufgebaut worden, während die beiden erstgenannten Kirchen heute wieder gottesdienstlichen Zwecken dienen.

36. Mit dem Bau der St.-Johanniskirche wurde um das Jahr 1330 begonnen. Bilderstürme haben sie im Jahre 1525 heimgesucht; während des Nordischen Krieges hat sie stark gelitten. Sie wurde 1719/1721 wiederhergestellt, 1832/33 erneut repariert und umgebaut. Am 25. August 1944 ist die Kirche bei der Bombardierung der Stadt durch die Rote Armee niedergebrannt. Der Helm des monumentalen 61,5 Meter hohen Turmes ist dabei eingestürzt, 1952 das Gewölbe des nördlichen Seitenschiffes mit der Nordwand und den Pfeilern. Ein Wiederaufbau der Kirche hat bis heute nicht stattgefunden.

37. Die St.-Johanniskirche ist ein mittelalterliches Bauwerk ersten Ranges. Sie weist im Gegensatz zu der meist herben Schmucklosigkeit der Bauformen in Estland ein ungewöhnliches Maß an skulpturalem Schmuck ihrer Backsteinfassaden auf. Die dreischiffige Basilika zeigte auch in ihrem Inneren neben Resten einer alten Bemalung einen Fries mit Terrakottaköpfen und Terrakottagruppen, wie sie anderweitig in der deutschen Backsteingotik nicht anzutreffen sind. Da bisher nichts Entscheidendes zur Erhaltung dieses einzigartigen Baudenkmals getan worden ist, dürfte es wohl dem allmählichen Untergang geweiht sein.

38. Das starke Anwachsen der estnischen Stadtbevölkerung Dorpats erforderte um die Mitte des 19. Jahrhunderts die Errichtung einer neuen Kirche, die den Namen Marienkirche erhielt. Diese 'neue' Marienkirche – eine erste Kirche dieses Namens war im Jahre 1704 zerstört worden – wurde am 11. Januar 1842 geweiht und diente seit 1867 der Landgemeinde Dorpat als Gotteshaus. Im Jahre 1941, während der Kämpfe um die Stadt, wurde auch diese Marienkirche zerstört. Ihre Ruine wurde nach 1944 zur Turnhalle der Landwirtschaftlichen Akademie umgebaut.

39. Im neugotischen Stil wurde die katholische Kirche errichtet, die uns diese Abbildung zeigt. Nachdem jahrhundertelang die katholische Kirche über zahlreiche Gotteshäuser und Klöster in Dorpat verfügt hatte, bereitete der Siegeszug der Reformation ihrer Vorherrschaft ein Ende. Als im Jahre 1582 die Stadt vorübergehend den Polen übergeben wurde, faßten noch einmal für kurze Zeit die Jesuiten festen Fuß in der Stadt, doch mit der Besetzung durch die Schweden unter König Gustav II. Adolf wurde sie endgültig dem lutherischen Glauben zurückgewonnen. Die Zahl der Katholiken war seitdem in Dorpat nur noch gering.

40. Am 31. Januar 1860 fand unter starker Beteiligung der Bevölkerung die Einweihung der Universitätskirche statt. Nach den erfolgreichen Bemühungen des damaligen Kurators des Dorpater Lehrbezirks, Senator Georg von Bradke (1796-1862) um die Begründung der Universitätsgemeinde, war am 28. August 1856 der Grundstein zur Kirche gelegt worden, die nach den Plänen des Universitätsarchitekten Rathhaus errichtet werden sollte. Die Kirche dient heute als Lese- und Studiensaal im Lehrbetrieb der Universität.

41. Die Universitätskirche erfuhr schon bald nach ihrer Einweihung im Jahre 1860 eine Verschönerung ihres Innenraumes. Nach Plänen des Rigaer Architekten M. Holst erhielt sie einen neuen Altar und eine neue Kanzel, die im Jahre 1868 zur Aufstellung gelangten und einige Jahre später durch Professor Theodosius Harnack, den Vater des bekannten Berliner Theologen Adolf von Harnack, noch einige Verbesserungen erfuhren. Seit dem Zweiten Weltkrieg befinden sich Altar und Kanzel der Universitätskirche in der Kirche von Oberpahlen (Pöltsamaa) in Estland, wo sie pietätvoll erhalten werden.

42. Die estnische Pauluskirche wurde im Jahre 1919, als das estnische Volk noch seinen Freiheitskrieg um das Selbstbestimmungsrecht führte, nach den Plänen des finnischen Architekten Eliel Saarinen errichtet. Ihre schöne Altarskulptur stammt vom bekannten estnischen Bildhauer Amandus Heinrich Adamson und stellt Christus und Maria Magdalena dar. Der Meister hat sie in den Jahren 1922/23 angefertigt. Die Kirche wurde im Jahre 1944 zerstört, in den Jahren 1959/60 jedoch wieder aufgebaut und 1966 erneut geweiht.

43. Die estnische Gemeinde der Marienkirche wuchs während des 19. Jahrhunderts in kurzer Zeit so stark an, daß am 27. Oktober 1867 beschlossen wurde, die Marienkirche solle der Landgemeinde, eine geplante Petrikirche der Stadtgemeinde als Gotteshaus dienen und damit eine Teilung vorzunehmen, die mehr oder weniger auf dem Papier geblieben ist. Der Grundstein für die in neugotischem Stil erbaute Petrikirche wurde 1882 gelegt; die Kirche wurde am 16. September 1884 eingeweiht und dient auch heute als Gotteshaus. In ihrer Nähe befindet sich ein Gedenkstein. Er erinnert daran, daß an dieser Stelle im Jahre 1869 das erste All-estnische Sängerfest stattfand.

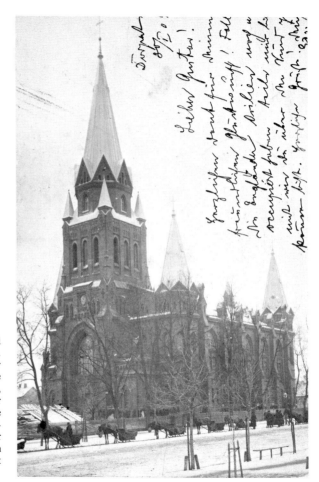

44. Den Gebeinen der Toten, die beim Neubau des
Hauptgebäudes der Universität im Jahre 1803 ausge-
graben wurden und im Wallgraben eine neue Ruhestätte fanden, wurde nach einem Entwurf des Universitätsarchitekten Johann Wilhelm von Krause hier ein
schlichtes Denkmal errichtet. Es ist das älteste Denkmal in Dorpat und trägt an seinen vier Seiten in estnischer, russischer, deutscher und lateinischer Sprache
folgende Inschrift: 'Hier ruhen die Gebeine verschiedener Völker. Dorpat begrub sie vom XIII.-XVIII. Jahrhundert bei St. Marien. Auf ihren Gräbern gründete
Alexander I. den neuen Wohnsitz der Musen. Man
weihte ihnen diesen Ort der Ruhe. Juni MDCCCVI'
(1806).

45. Vier Denkmäler zeigt unser Bild: Carl Ernst von Baer (1792-1867), den berühmten Biologen, Begründer der modernen Embryologie und vielseitigen Gelehrten, Ernst von Bergmann (1836-1907), den Chirurgen von Weltruf und Leibarzt Kaiser Friedrich III. von Deutschland, Friedrich Robert Faehlmann (1798-1850), Arzt und Schriftsteller, Initiator der im Jahre 1838 begründeten Gelehrten Estnischen Gesellschaft, Willem Reimann (1881-1917). Diese hier abgebildeten Denkmäler gehören zu den ältesten der Stadt, die in den letzten Jahrzehnten nicht müde wurde, immer neue Persönlichkeiten durch die Errichtung von Denkmälern zu ehren.

46. Zu den bedeutendsten Gelehrten, die in Dorpat ihre letzte Ruhestätte gefunden haben, gehört Carl Ernst von Baer. Am 17. Februar 1792 auf dem Gute Piep in Estland geboren, wirkte Baer als Biologe, Anatom, Entdecker des Säugetiereies, Forschungsreisender und Geograph ein ungewöhnlich vielseitiger Gelehrter, lange Jahre in Königsberg in Preußen und in St. Petersburg. Seinen Lebensabend verbrachte er seit 1867 in Dorpat, wo er am 16. November 1876 gestorben und auf dem alten St.-Johannisfriedhof beigesetzt worden ist.

47. Auf dem Domberg in Dorpat steht das Denkmal für den großen Gelehrten. Es wurde nach einem Entwurf des Bildhauers Alexander Opekushin (1841-1923) angefertigt, nachdem eine Geldsammlung Spenden aus aller Welt eingebracht hatte und ein internationaler Wettbewerb ausgeschrieben worden war, der nicht weniger als 24 Entwürfe für ein Denkmal erbracht hatte. Die Skulptur zeigt den Gelehrten und Denker als alten Mann. Das Denkmal wurde in St. Petersburg aus Kupfer gegossen und am 28. November 1886 – im zehnten Todesjahr des Gelehrten – feierlich enthüllt.

48. Hinter der Chirurgischen Klinik auf dem Domberg wurde im Jahre 1913 ein nach einem Entwurf des deutschen Bildhauers A. Hildebrand (1847-1921) errichtetes Denkmal für den Chirurgen Ernst von Bergmann enthüllt. Diese Ehrung geht auf eine Initiative des Dorpater Chirurgen Werner Zoege von Manteuffel (1857-1926) zurück. Ernst von Bergmann, am 16. Dezember 1836 in Riga geboren, wirkte von 1871 bis 1877 als Professor der Chirurgie in Dorpat, danach in Würzburg und seit 1882 in Berlin. Er hat sich durch die Einführung der Aseptik und als Begründer der Hirnchirurgie große Verdienste erworben und starb in Wiesbaden am 25. März 1907.

49. Auf den Barclayplatz führt uns dieses winterliche Bild. Zu Füßen der Büste des Feldherrn Fürst Michael Barclay de Tolly, der stolz und streng von seinem hohen Sockel herabsieht, sind Jung und Alt mit Hund und Schlitten dabei, sich den Freuden eines Wintertages mit viel Schnee und Rauhreif hinzugeben, wie sie in jenen Breiten nicht selten waren, selten jedoch so schön zur Darstellung gebracht worden sind, wie auf dieser Zeichnung von Rudolph Julius von zur Mühlen, dessen Dorpater Skizzenmappe sie entnommen ist.

50. Wohl zu den schönsten Denkmälern der in dieser Hinsicht nicht gerade armen Stadt gehört die Monumentalskulptur zum Gedenken an Fürst Michael Barclay de Tolly (1761-1818; begraben auf dem Gute Beckhof in Livland), der in den Jahren 1812/13 Oberbefehlshaber russischer Armeen und der russischpreußischen Truppen war und 1814 nach der Einnahme von Paris zum Generalfeldmarschall ernannt worden war. Der Schöpfer der Porträtskulptur war der Künstler W. Demut-Malinowski (1779-1840), der sie in den Jahren 1836/37 entworfen hat. Die Enthüllung des Denkmals für den großen Feldherrn fand im November 1849 statt.

51. Den Barclayplatz, auf dem sich das Denkmal des Feldherrn befindet, zeigen wir hier auf einer winterlichen Luftaufnahme aus dem Jahre 1922. Wir verdanken diese und mehrere andere Ansichten von Dorpat aus der Vogelschau Aleksander Raukas (Stockholm), der sie als Flieger des estnischen Heeres vom Flugzeug aus aufgenommen hat. Diese Fotos sind Bilder von hohem dokumentarischem Wert, denn vieles von dem, was hier festgehalten wurde, ist den Zerstörungen während des Zweiten Weltkrieges zum Opfer gefallen, wie beispielsweise der Kaufhof, der den unteren, auf dem Bilde nicht sichtbaren Abschluß des Platzes bildet.

52. Zu den reizvollsten Baudenkmälern im Bereich des Dorpater Domberges gehören zwei Brücken, die 'Engels'- und die 'Teufelsbrücke'. Die Engelsbrücke ist dem ersten Rektor der im Jahre 1802 wieder-eröffneten Universität, Georg Friedrich von Parrot (1767-1852) gewidmet. Sie wurde nach einem Entwurf des Professors der Baukunst M.H. Jacobi in klassizistischer Manier in den Jahren 1836/1838 erbaut. Auf der einen Seite trägt sie ein Relief Parrots und den Text: '1802-1813. G.F. Parrot. Primo Rectori Universitatis Dorpatensis', auf der anderen Seite die Worte 'Otium reficit vires'. Das Relief aus dem Jahre 1913 ist ein Werk der Bildhauerin Constanze von Wetter-Rosenthal (1872-1948).

53. Die Teufelsbrücke verbindet die Abhänge des Domberges hinter den Kliniken. Sie wurde vom Architekten A. Eichhorn aus Anlaß des 300jährigen Jubiläums des russischen Kaiserhauses Romanow im Jahre 1913 geschaffen und aus Eisenbeton errichtet. Sie trägt die Jahreszahlen 1613-1913 sowie ein Bronzerelief Alexander I. von Rußland, der im Jahre 1802 die Wiedereröffnung der Universität in Dorpat veranlaßt hatte, sowie die Worte 'Alexandro Primo'. Auch das Relief Alexander I. stammt, wie jenes von Parrot an der Engelsbrücke, von Constanze von Wetter-Rosenthal.

DORPAT. Kaufhof.
TARTU. Kaubahoow.

54. Zu den eigenartigsten Bauten des alten Dorpat, die den Zweiten Weltkrieg nicht überstanden haben, gehört zweifellos der Kaufhof oder die 'Russischen Buden', ein für die auswärtigen russischen Kaufleute errichteter Basar. Die Fertigstellung dieses Bauwerks, dessen Ausmaße auf diesem Bild besonders eindrucksvoll zur Geltung kommen, erfolgte im Jahre 1821. Als Architekten zeichneten Geist und Kranhals.

Platz vor dem Kaufhaus in Dorpat.

55. Die Bauzeit des Kaufhofes betrug fünf Jahre. Als typisches Beispiel der klassizistischen Architektur wurde er in den Jahren 1816/1821 errichtet. Wegen seiner Größe – er beherbergte immerhin nicht weniger als 40 Läden! – und seiner eigenartigen Bauweise war er eine Sehenswürdigkeit Dorpats von besonderem Reiz. Ein Fuhrmann für Personen- und ein Kastenwagen für Lastenbeförderung beleben das Bild in charakteristischer Weise. Unter 'Fuhrmann' verstand man in Estland nicht nur den Mann, der auf dem Kutschbock saß, sondern alles zusammen: Wagen, Pferd(e) und Rosselenker. Wollte man schneller als zu Fuß ein Ziel erreichen, 'stieg man in den Fuhrmann'...

56. Wesentlich lebhafter als auf unserem vorigen Bild geht es hier rings um den Kaufhof zu. Es ist sicherlich Markttag, und bäuerliche Fuhrwerke aus der Umgebung der Stadt scharen sich in unübersehbarer Zahl um den Kaufhof. Unsere Aufnahme stammt aus dem Jahre 1918, als Dorpat seine erste deutsche Besatzungszeit in unserem Jahrhundert erlebte, die vom 24. Februar bis in den November hinein dauerte, während die Zeit der zweiten deutschen Herrschaft im Lande 1941 begann und 1944 ihr Ende fand.

57. Einen — man ist versucht zu sagen — farbigen Eindruck vom Leben und Treiben im alten Dorpat vermittelt diese Zeichnung von Rudolph Julius von zur Mühlen (1845-1913) in der Mappe seiner 'Dorpater Skizzen', die auch an anderen Stellen in unsere Bilderfolge aufgenommen wurden. Die Zeichnungen schuf der Künstler, der in Dorpat als Porträtmaler und Zeichenlehrer gearbeitet hat, in den Jahren 1883-1885. In der Volksszene, die uns dieses Bild zeigt, hat er das bunte Treiben rund um den Kaufhof in lebendiger und überaus realistischer Weise festgehalten.

Dorpat

Kühnstrasse

58. Bei genauerem Hinsehen erkennen wir auf dieser Abbildung gleich mehrere markante Bauwerke des alten Dorpat. Da ist links das barocke Türmchen des Rathauses zu sehen, genau in der Bildmitte, über den auf dem Barclayplatz wartenden Gespannen, der Turm der im Jahre 1944 zerstörten und nicht wieder restaurierten Johanniskirche, während rechts einige Säulen des Kaufhofes in das Bild hineinragen. Die Aufschrift auf dem in wohlproportionierten klassizistischen Formen errichteten Hause unter dem Rathausturm weist darauf hin, daß sich hier die Apotheke H. Sturm befand.

59. Mit diesem Blick auf den Anlegeplatz der mächtigen Frachtkähne ('Lodjen') auf dem Embach, nehmen wir zugleich auch Abschied vom Kaufhof, den wir links im Bilde sehen. Im Hintergrund ist der Turm der Johanniskirche zu sehen, zu seinen Füßen die Steinbrücke zu erkennen. Die Aufnahme stammt von dem, wie die Bildrückseite zeigt, mit zahlreichen Medaillen auch international anerkannten Dorpater Fotografen C. Schulz (Gartenstraße 3), der auch am Nicolai Boulevard in Riga eine 'Zweigstelle' hatte.

TARTU. Maakonna valitsus.
DORPAT. Kreisverwaltung.

60. In einigen Stadtteilen des alten Dorpat hatte nach den großen Bränden, die die Stadt heimsuchten, der klassizistische Baustil feste Wurzeln geschlagen. Wir konnten ihm auf Schritt und Tritt begenen, wie etwa auf dieser Karte aus dem Jahre 1926, auf der wir links eine Ecke des Kaufhofs sehen, davor einen Standplatz der Fuhrleute, und im Hintergrund das Haus der Kreisverwaltung mit der diesbezüglichen estnischen Aufschrift 'Tartu Maakonna Walitsus'. Auch dieses Gebäude trug unverkennbar klassizistische Züge.

61. Das Haus der Kreisverwaltung – wir sehen es auf dieser Aufnahme noch einmal aus der Nähe –
muß eine wechselvolle Geschichte gehabt haben. Auf Ansichtskarten aus den Jahre 1908 und 1913
nennt es sich 'Hotel London' beziehungsweise 'Stadt London', während es später, neben der Kreisverwaltung, ein 'Kaufhaus' beherbergt hat, dessen Inhaber auf dem Bild links Anton Heilmann, auf
diesem Bild W. Hanson ist, während über dem Schaufenster rechts, dessen Auslage nicht näher erkennbar ist, der Besitzername W. Raudsepp steht.

62. Diese und die folgende Aufnahme stammen aus dem Jahre 1918. Sie zeigen ein Panorama der Stadt Dorpat, vom Domberg aus gesehen. Links, gut zu sehen, der Turm der Johanniskirche. Unter ihm eine Seitenansicht des Hauptgebäudes der Universität, den noch das Glockentürmchen aus der Russifizierungszeit 'ziert'. (Es dürfte bald darauf entfernt worden sein.) In der Bildmitte ist die apostolisch-rechtgläubige Uspenskikirche zu sehen, schräg darüber der Turm der Petrikirche, rechts das Rathaus. Die Turmuhr zeigt 10.17 Uhr.

63. Wo das linke Bild aufhört, schließt sich diese Aufnahme an. So sehen wir folgerichtig am linken Bildrand das Rathaus und rechts von ihm, sich ihm anschließend, die den Großen Markt nach Norden hin begrenzende Häuserreihe mit ihren zum Teil im klassizistischen Stil erbauten Häusern. An ihrem Ende sind gerade noch die Brückentore der Steinbrücke über den Embach zu sehen, der sich in einer weiten Schleife, rechts im Bilde gut zu erkennen, durch die Stadt zieht. Den Blick vom Domberg auf die Stadt haben die beiden Aufnahmen gut eingefangen.

Jakobstraße in Dorpat.

64. Beschaulich kleinstädtisch zeigt sich auf diesem Bilde die Jakobstraße, die später nach dem Universitätsgründer in Gustav-Adolf-Straße umbenannt worden ist. Das Haus Nr. 20 im Vordergrund wird als 'Kossartsches Haus' bezeichnet. Die Karte wurde am 19. Dezember 1922 in Dorpat abgestempelt und war an die 'Baronin B. v. Ungern-Sternberg' in 'Furstenbruk bei München' (wohl Fürstenfeldbruck) gerichtet. Die Aufnahme stammt von Eugen Wittorf (Riga) aus der Reihe 'Dorpat und der Embach'; ihr entstammen noch mehrere weitere Fotos unserer nostalgischen Bilderreihe.

TARTU - Emajõe kallas
DORPAT - Embachufer

65. Den Markt am Embachufer zeigt diese alte Ansichtskarte. In der Bildmitte überragt ihn der Turm des Spritzenhauses der Feuerwehr. Rechts sind einige Säulen des Kaufhofes zu erkennen. Die ausgedehnten Holzstapel davor legen ein beredtes Zeugnis vom Holzreichtum des Hinterlandes der Embachstadt ab. Die 'Lodjen' am Hafenkai waren typische Beförderungsmittel jener Zeit auf dem Peipussee und dem Embach, der in den See mündete.

TARTU. Pritsimaja.
DORPAT. Spritzenhaus.

66. Der erste Aufruf zur Bildung einer Freiwilligen Feuerwehr an die Bevölkerung der Stadt Dorpat erging im Jahre 1863. Am 19. Dezember 1865 erhielt sie zu ihrer Verfügung ein steinernes Spritzenhaus. An den Löscharbeiten im Falle eines Brandes beteiligten sich auch Studenten mit der 'Burschenspritze'. Im Jahre 1912 wurde am Viktualienmarkt der Grundstein für ein neues Spritzenhaus gelegt, das unser Bild zeigt; es wurde am 20. Oktober 1913 feierlich eingeweiht. Daß die Freiwillige Feuerwehr bei einer Einwohnerzahl von 60 000 im Jahre 1939 657 Mitglieder zählte, sei nur am Rande vermerkt.

67. Es ist in erster Linie wohl die vor dem Rathaus auf dem Großen Markt anscheinend aus Anlaß der Verleihung von Auszeichnungen angetretene Feuerwehr in ihren schmucken Uniformen und mit den blanken Messinghelmen, die unsere Blicke auf sich lenkt. Sehen wir jedoch näher hin, gelingt es uns, auch einige Aufschriften an den Häusern zu entziffern. So ist auf diesem Bilde die 'Bank der Hausbesitzer' zu sehen, und, im großen Eckhaus, 'Reinhold's Kaufhaus' sowie die Samenhandlung von Johann Daugull – vertraute Namen für alte Dorpatenser.

Dorpat.

68. Diese Ansichtskarte, die vom Verlag H. Raag (Ritterstraße 13) in Dorpat herausgebracht worden ist, zeigt uns eine Idylle vom Embachufer aus längst entschwundenen Zeiten, als Umwelt- und Wasserverschmutzung noch unbekannte Begriffe waren. Das Bild wird links von der alten Holzbrücke begrenzt. Sehenswert in jeder Hinsicht ist das dem Wassertransport dienende Vehikel. Der Verfasser dieses Buches hat in seiner Jugend in seiner estländischen Heimat jahrelang gutes Wasser getrunken, das auf genau die gleiche Weise aus einem Fluß geschöpft und zu seinem großelterlichen Gutshaus befördert worden ist.

69. Die Häuser, die auf dem linken Bild im Hintergrund stehen, wurden hier dem Betrachter näher-gerückt. Sie dürften heute wohl kaum noch stehen und ebenso wie die alte Holzbrücke, die wir hier noch einmal sehen, irgendwann ein Raub der Flammen geworden sein, die Dorpat im Laufe der Jahrhunderte oft schwere Schäden zugefügt haben. Die Aufnahme stammt aus der Zeit vor dem Ersten Weltkrieg; Männer in russischen Uniformen sind auf der Brücke zu erkennen.

Dorpat, Holzbrücke über den Embach.

70. Zu den von der 'Baltischen Illustrierten Zeitung' in Riga herausgegebenen 'Malerischen Bildern aus Baltischen Landen' gehörte, als zweite Folge, 'Dorpat und der Embach', nach Aufnahmen des Rigaer Fotografen Eugen Wittorf. Dieser Folge entstammt nicht nur diese Ansicht der alten Holzbrücke über den Embach, aus ihr wurden auch andere Aufnahmen Wittorfs entnommen. Die Holzbrücke, die abgebrannt ist, wurde nicht wieder erneuert. Man hat sie in den zwanziger Jahren durch einen stattlichen Neubau ersetzt, der den Namen 'Freiheitsbrücke' erhielt.

Dorpat, Embachufer bei der Pöntonbrücke.

71. Eine weitere Aufnahme von Eugen Wittorf zeigt hier die Pontonbrücke, weniger schön als die Steinbrücke, weniger bekannt als die Holzbrücke. Das stattliche Gebäude auf der linken Bildhälfte beherbergt ein Hotel. Sein Name läßt sich nach der Aufnahme nicht rekonstruieren. Holzstapel und Fischerboote weisen auf die Nähe des Hafens und des Marktes hin, den wir uns diesseits des Embach zu denken haben.

72. Bei O. Haidak in Narva erschien diese Ansichtskarte mit einer Abbildung des Museums für das Gesundheitswesen. Ob dieses Museum den Zweiten Weltkrieg überstanden und wie lange es bestanden hat, war nicht zu ermitteln. Es fehlt jedenfalls in einem in Estland erschienenen umfangreichen Band über die 'Museen der Estnischen SSR', aus dem Jahre 1961.

Dorpat. Domruine.

Limonadenhäuschen.

Teufelsbrücke.

Augenklinik.

73. Aus den Jahren vor dem Ersten Weltkrieg stammt diese undatierte Ansichtskarte vom Domberg, denn sie ist rückseitig in russischer Sprache beschriftet und zeigt links unten die Teufelsbrücke, bevor sie im Jahre 1913 ihre heutige Gestalt erhielt. Wir sehen ferner das 'Limonadenhäuschen', in dem an Sommertagen erfrischende Getränke feilgeboten wurden, die Domruine mit den sie umgebenden üppigen Grünanlagen, und das vergleichsweise doch noch sehr bescheidene Gebäude der alten Dorpater Augenklinik.

Tartu. Snur kliinik.
Dorpat. Kliniken.

74. Zu den Kliniken, die in der Abgeschiedenheit und Stille des Domberges errichtet worden waren, gehörte auch die Frauenklinik, die unsere Abbildung zeigt. Sie stammt nicht, wie etwa das alte Anatomikum, aus den Gründerjahren der Universität, sondern ist, wie das in den Jahren 1887/88 nach Plänen des Architekten Reinhold Guleke erbaute 'Neue' Anatomikum am Domabhang, wesentlich jüngeren Datums. Heute dienen die Kliniken auf dem Domberg vornehmlich Lehr- und Forschungszwecken.

75. Nicht nur auf dem Domberg standen in Dorpat die Kliniken. Sein begrenztes Areal hätte sie gar nicht aufzunehmen vermocht. So sind einige Kliniken, wie sie uns diese Abbildung zeigt, auf das ausgedehnte 'Marienhofsche Feld' abgewandert, wo die entsprechenden Gebäude in den letzten Jahren vor dem Ersten Weltkrieg errichtet wurden und 1915 bezogen werden konnten. Wir sehen hier die stattlichen Gebäude der Chirurgischen und der Nervenklinik. Zu den bedeutendsten Medizinern Dorpats in den dreißiger Jahren auf dem Gebiet der Neurochirurgie und Neuropathologie gehörte Professor Ludvig Puusepp, der durch seine Arbeiten 'Die Tumoren des Gehirns' und 'Chirurgische Neuropathologie' internationalen Ruf genoß.

76. Das Museum für Klassische Altertumskunde, in einem Seitenflügel des Hauptgebäudes der Universität untergebracht, ist das älteste Museum der Stadt. Es wurde 1803 auf Anregung des ersten Direktors der Universitätsbibliothek und Professors der Eloquenz und Ästhetik, Morgenstern, gegründet. Es nahm seinen Anfang als allgemeine Kunstsammlung und spezialisierte sich erst in der Folgezeit auf das Sammeln antiker Kunst. Bei der Evakuierung des Museums in das Innere Rußlands während des Ersten Weltkrieges (1917) ging der größte Teil der Originale und der wertvollen Münzensammlung verloren.

77. Diese Abbildung zeigt das erste Pharmakologische Laboratorium der Welt. Es wurde im Jahre 1847 begründet, als der aus Bautzen gebürtige Pharmakologe Rudolf Buchheim (1820-1879) nach Dorpat berufen wurde und das erste experimentelle Pharmakologische Institut ins Leben rief. 20 Jahre lang hat Buchheim in Dorpat gewirkt, und noch im Jahre 1865 wurde berichtet, daß die Universität in Wien mit ihrem Pharmakologischen Institut weit hinter Dorpat zurückstand, das auf diesem Gebiet in der gesamten medizinisch-wissenschaftlichen Welt eine führende Stellung innehatte.

78. Wenn wir dieses Bild einer winterlichen Straße im alten Dorpat mit ihren weiträumigen Gärten sehen, verstehen wir, warum man sie die 'Gartenstraße' genannt hat. Es war ein ruhiges Wohngebiet, in welches in den Jahren vor dem Ersten Weltkriege, also noch zu 'russischer' Zeit, ein riesiges Institutsgebäude gesetzt wurde. Einen Teil dieses Universitätsgebäudes, es war das Haus in der Gartenstraße 46, sehen wir am rechten Bildrand.

79. Das Institutsgebäude der Universität an der Gartenstraße, auch 'Neue Universität' genannt, sehen wir hier in seiner ganzen Größe. Es beherbergte zahlreiche wissenschaftliche Einrichtungen, wie etwa das Zoologische Museum, das auf das bereits im Jahre 1802 gegründete Naturwissenschaftliche Kabinett der Universität zurückgeht. Auch das im Jahre 1810 gegründete Geologsiche Museum befindet sich in diesem Gebäude. Bei der großen Zahl der in Dorpat wirkenden Gelehrten und Forschungsreisenden ist es dabei nicht verwunderlich, daß Sammlungen von unschätzbarem Wert in diesen Museen zusammengetragen worden sind.

80. Wir sehen hier eine Zeichnung Rudolph Julius von zur Mühlens aus der Mappe seiner 'Dorpater Skizzen', im Jahre 1885 im Laakmann Verlag zu Dorpat erschienen. Es zeigt auf den Stufen zum Säulenportikus, der das Hauptgebäude der Alma mater Dorpatensis ziert, einen Mann von geradezu unnahbarer Schönheit und Würde, bereit zum Empfang von Exzellenzen. Wen die vier Köpfe in den Ecken dieses Blattes darstellen, vermag an dieser Stelle nicht gesagt zu werden; es ist dem Herausgeber leider nichts über sie bekannt, auch der Künstler selbst scheint sich über sie nicht geäußert zu haben.

81. Die Zierde des Hauptgebäudes der Universität ist seine Aula. In ihr fanden alle mit dem Leben der Universität verbundenen festlichen Veranstaltungen statt. Dem Spiegelgewölbe der Aula, dem aus 28 Säulen bestehenden Säulengang, der Balustrade der Galerie verdankt dieser Raum seine Schönheit. Seine Länge beträgt 23 Meter, die Breite 14 Meter, die Höhe zirka 10 Meter. Säulen, Galerie und Balustrade sind aus Holz, die Säulen hohl; dieser Tatsache verdankt der Saal seine vorzügliche Akustik. Durch einen Brand im Hauptgebäude der Universität im Jahre 1965 wurde die Aula stark beschädigt. Sie wurde jedoch in kurzer Zeit in ihrer ursprünglichen Gestalt wiederhergestellt; lediglich die Kronleuchter, die unser Bild zeigt, wurden durch andere Beleuchtungskörper ersetzt.

82. Auf dem Dachboden des Hauptgebäudes der Universität befanden sich noch im 19. Jahrhundert fünf Karzer, in denen Studenten wegen geringfügigerer Vergehen für einige Tage bis zu einem Monat eingesperrt wurden. Durch einen Brand im Jahre 1965 sind diese 'historischen' Karzer zerstört worden. Mit diesem melancholischen Bild aus dem Dorpater Karzer beginnen wir hier eine Bilderfolge, die, wie es sich für eine Universitätsstadt gehört, dem studentischen Leben in der Musenstadt, die man das 'Heidelberg des Nordens', auch 'Embach-Athen' genannt hat, gewidmet ist.

83. Zu den ältesten Darstellungen einer Mensur im alten Dorpat dürfte dieses Bild gehören, dessen Herkunft unbekannt ist und das mit der Angabe 'um 1830' datiert ist. Nicht nur den Beteiligten sollten wir unsere Aufmerksamkeit schenken, sondern auch das 'Beiwerk' beachten, wie etwa den schönen Ofen, die Ansätze zu einer Bibliothek, die altertümlichen Pfeifen an der Wand. Wir wissen nicht, wo diese Mensur geschlagen wurde, nichts weist auf die Zugehörigkeit der dargestellten Studenten zu einer der alten Dorpater Verbindungen hin.

84. Dieses Bild nun zeigt eine Mensur in Dorpat, rund ein halbes Jahrhundert später. Die vorsichtige Datierung auf der Rückseite des Bildes weist auf das 'Ende der siebziger Jahre' hin. Wie sehr hat sich das Bild gewandelt, vor allem hinsichtlich der Kleidung! In der Mitte zwischen etwa 1830 und 1930 stehend, und es ist interessant dies feststellen zu können, weist dieses Bild sehr viel mehr Gemeinsamkeiten mit 1930 auf, als mit 1830, wie jeder, der im alten Dorpat studiert hat, bezeugen kann.

Dorpat. Conventsquartier „Estonia".

85. Über eines der repräsentativsten Conventsquartiere im alten Dorpat verfügte die im Jahre 1821 gegründete Korporation 'Estonia'. Wie die anderen alten deutschen Verbindungen erlebte sie mit 127 Aktiven im Jahre 1885, also kurz vor der Russifizierung der Universität, einen Höhepunkt ihrer traditionsreichen Geschichte. In den Jahren zwischen den beiden Weltkriegen hatte die estnische Korporation 'Rotalia' in dem stattlichen Gebäude ihren Sitz. Heute beherbergt es einen akademischen Verein.

86. An der Mühlenstraße im alten Dorpat lag das Conventsquartier der Korporation 'Livonia', die, im Jahre 1822 gegründet, die Farben Rot-Grün-Weiß trug. Auch sie bestand bis zum Jahre 1939. Lang ist die Reihe jener Livonen, die es im späteren Leben zu hohem Ansehen in und außerhalb der Heimat gebracht haben, wie an einigen Namen gezeigt werden zoll. Livonen waren die Professoren Axel, Erich, Otto und Adolf von Harnack, die Astronomen August, Hermann, Ludwig und Otto Wilhelm von Struve, der Philosoph Graf Hermann Keyserling und der bekannte Dichter Siegfried von Vegesack.

87. Der 'Livonia' gehörten an: der Indologe Leopold von Schroeder (Wien), der Chirurg Ernst von Bergmann (Berlin), der Jurist Axel Freiherr von Freytagh-Loringhoven (Breslau), der Publizist und Diplomat Julius von Eckardt (Großvater Felix von Eckardts, Bundeskanzler Adenauers Pressechef), Hermann Hesse (Großvater des gleichnamigen Dichters und Nobelpreisträgers), der Kulturhistoriker Victor Hehn, der Geologe Gregor von Helmersen. Das Bild zeigt den Saal im Conventsquartier der 'Livonia' mit dem Korporationswappen. Die eisernen Läden an den Fenstern stammen aus dem Revolutionsjahr 1905/06.

88. Da die schmucken Zweispänner in der Mühlenstraße vor dem Conventsquartier der 'Livonia' stehen, dürfte es sich auf diesem Bild um Livonen handeln, die sich auf eine Ausfahrt vorbereiten. Wie ein Blick in das Album der Korporation zeigt, haben der 'Livonia' im Laufe ihrer Geschichte auch einige Esten angehört, wie zum Beispiel Jakob Hurt (1839-1906), der Begründer und Präses der 'Gesellschaft estnischer Schriftsteller' (Eesti Kirjameeste Selts).

89. Nur wenige Zuschauer, Fuhrleute und zufällige Passanten, sind Zeugen dieses prächtigen Schauspiels. Studenten hoch zu Roß, in Landauern, mit sechs und vier Pferden bespannt, ziehen am Hotel 'Stadt London' vorbei über den Barclayplatz. Da die Karte am 22. September 1908 abgestempelt ist, könnte es sich hier um ein Bild aus Anlaß des 100jährigen Jubiläums der Korporation 'Curonia' handeln, die im Jahre 1808 gegründet wurde, die Farben Grün-Blau-Weiß trug, und deren Name in der im Jahre 1959 gegründeten 'Curonia Goettingensis' weiterlebt.

90. Älteste deutsch-baltische studentische Verbindung in Dorpat war die 'Curonia'. Ihr folgte 1921 die 'Estonia', 1922 die 'Livonia'. Auch aus der 'Estonia' sind neben im Landesdienst bewährten Persönlichkeiten namhafte Gelehrte hervorgegangen, wie etwa der Historiker Johannes Haller (Tübingen), der Polarforscher Baron Eduard von Toll, der im Nördlichen Eismeer verschollen ist, der Biologe Jacob Freiherr von Uexküll (Hamburg), der Chirurg Werner Zoege von Manteuffel (Dorpat), der Pathologe Karl Dehio (Rektor der deutschen Universität Dorpat 1918) und der Este Friedrich Reinhold Kreutzwald, der Schöpfer des estnischen Nationalepos 'Kalevipoeg'.

91. Daß es in Dorpat während der Zeit der Russifizierung um die Jahrhundertwende neben den deutsch-baltischen und estnischen Studentenverbindungen auch einen 'Polnischen Theologischen Verein' gegeben hat, zeigt diese seltene Karte, in deren Mitte Dr. phil. Johann Kvačala, Inhaber des Lehrstuhls für Kirchengeschichte (seit 1893) abgebildet ist. Die kleinen Abbildungen zeigen in der Mitte die Universitätskirche, links die Universitätsbibliothek im Chor der Domkirche, rechts das Hauptgebäude der Universität.

92. Die außerordentliche Detailtreue, die die Zeichnungen Rudolph Julius von zur Mühlens so wertvoll erscheinen läßt, zeigt sich auch auf diesem Bild in besonders eindrucksvoller Weise. Der Anlaß dieses Studentenumzuges einer farbentragenden deutschen Verbindung ist dabei weit weniger wichtig, als die Art seiner Darstellung mit der Wiedergabe der Straßenbilder mit ihren Fassaden und Giebeln oder den, man möchte geradezu sagen, fotografisch exakt porträtierten beteiligten Personen.

93. Auf den Großen Markt führt uns Rudolph
Julius von zur Mühlen auf diesem Bild. Vor dem
im Hintergrund abgebildeten Rathaus, vorbei an
den Fassaden der Häuser, die den Platz begren-
zen, zieht eine Schar dörptscher Bursche hoch zu
Roß und vierspännig zum Commers zur Stadt
hinaus. Auf den Balkonen und am Straßenrand
fehlt es nicht an Publikum, das dem übermütigen
Treiben zuschaut – eine Idylle aus längst ver-
klungen Zeiten – vor 100 Jahren...

94. Zu den interessantesten Conventsquartieren Dorpater studentischer Verbindungen gehört sicherlich jenes der 'Neobaltia' an der Kastanienallee. Im Jugendstil erbaut, gehörte es der im Jahre 1879 gestifteten deutsch-baltischen Korporation, deren Wahlspruch 'Ex labore otium' lautete, deren Farben Hellblau-Weiß-Orange waren, und aus deren Reihen nicht wenige bedeutende Wissenschaftler hervorgegangen sind. Es sei am Rande erwähnt, daß im heutigen Dorpat, das keine Korporationen kennt, alle Studenten den Farbendeckel in den Farben der 'Neobaltia' tragen, wie Farbfotos von drüben zeigen.

95. Zu später Stunde mag dieses Foto aus dem Jahre 1922 im Conventsquartier der 'Neobaltia' entstanden sein. Doch haben die Studenten, die ihr angehörten, nicht etwa nur gezecht. Der 'Neobaltia' gehörten als Studenten zahlreiche später weithin bekannte Gelehrte an, wie etwa die Theologen Alfred Seeberg (Rostock) und Reinhold Seeberg (Berlin), der Chemiker Gustav Tammann (Göttingen), der Publizist Paul Rohrbach (Berlin) und der Soziologe Max Hildebert Boehm (Berlin, Jena, Lüneburg), der in Lüneburg das Nordostdeutsche Kulturwerk und die Ost-Akademie ins Leben rief.

96. Diese Aufnahme des 'Hohen Olymp' stammt aus den zwanziger Jahren (1926). Sie wurde im Conventsquartier der 'Neobaltia' geknipst. In den dreißiger Jahren, bevor sich die Korporationen im Zuge der Umsiedlung der Deutsch-Balten im Jahre 1939 auflösten, gehörten der 'Neobaltia' unter anderen der Jurist, Diplomat und Ostforscher Boris Meissner (Universität Köln), der Historiker Georg von Rauch (Universität Kiel und der Jurist Walter Meder (Freie Universität Berlin) an, um auch aus diesen letzten Jahren des Bestehens deutscher Korporationen in Dorpat einige Namen zu nennen.

97. Älteste studentische Organisation der Esten in Dorpat ist der 'Eesti Üliöpilaste Selts' (EÜS, Verein estnischer Studenten), als dessen Gründungstag der 26. März 1870 angesehen wird. Er wurde im Jahre 1883 von der Universität bestätigt und umfaßte bis zur Jahrhundertwende die organisierte estnische Studentenschaft, aus der im Laufe der Zeit zahlreiche studentische Verbindungen hervorgegangen sind. Die Farben des 'EÜS' sind, wie die Landesfarben des Freistaates Estland, Blau-Schwarz-Weiß. Unser Bild zeigt das eindrucksvolle Conventsquartier des 'EÜS', eine Schöpfung des estnischen Architekten Georg Hellat aus dem Jahre 1902, das heute die Fakultät der Körperkultur der Universität beherbergt.

98. Die estnische studentische Korporation 'Vironia'
wurde 1898 am Polytechnikum in Riga gegründet. Sie
wählte sich die Farben Violett-Schwarz-Weiß, die erst-
mals am 28. November 1900 in der Öffentlichkeit
getragen wurden. Erst im Herbst 1920 wurde die
'Vironia' bei der Universität in Dorpat registriert, wo
ihre Philisterschaft als Conventsquartier das Haus
erwarb, das wir hier im Bilde zeigen. Im Jahre 1939
standen im Verzeichnis der 'Vironia' 445 Mitglieder,
unter ihnen 221 Philister. Im Jahre 1940 wurde das
Haus von den neuen Machthabern enteignet. Die
Traditionen der Verbindung werden heute im Westen
gepflegt und bewahrt.

ANNO 1883-1923
6 XII

H. Treffneri gymnasium
Tartus

99. Unter den estnischen Schulen in Dorpat ist die wohl bekannteste das im Jahre 1883 gegründete Treffnersche Knabengymnasium. Es wurde von Hugo Hermann Fürchtegott Treffner (17. Juli 1845-13. März 1912) ins Leben gerufen und befand sich jahrelang in dem hier abgebildeten Gebäude am Ufer des Embach. Treffner, der in verschiedenen estnischen gesellschaftlichen Organisationen aktiv tätig gewesen ist, war Präsident der Gesellschaft estnischer Schriftsteller ('Eesti Kirjameeste Selts') von 1887 bis 1890 und gehörte zu den Organisatoren des allestnischen Sängerfestes von 1879.

100. Die Grußkarte aus Dorpat zeigt in der oberen Reihe von links nach rechts das estnische 'Vanemuine'-Theater, das 'Kalevipoeg'-Denkmal, das an den Freiheitskrieg Estlands in den Jahren 1918-1920 erinnert, die Domruine und den Großen Markt mit dem Rathaus im Hintergrund. In der mittleren Reihe sieht man einen Blick auf den Embach, die Freiheitsbrücke und das Hauptgebäude der Universität, unten das Herrenhaus des Gutes Ratshof, welches das Estnische Nationalmuseum beherbergte, und schließlich die Steinbrücke als liebstes Motiv für einen jeden Fotografen.

101. 'Erinnerungen aus Dorpat' — so die deutsche Übersetzung — zeigt diese Karte. Wir sehen links — von oben nach unten — das Hauptgebäude der Universität, die in den dreißiger Jahren erbaute Markthalle und die Steinbrücke, in der Mitte die Domruine, das Denkmal des 'Kalevipoeg', darunter das Rathaus. Rechts folgen Abbildungen des 'Vanemuine'-Theaters, der Uspenskikirche mit dem Neubau der Estnischen Bank, darunter — leider nur undeutlich zu erkennen — die Freiheitsbrücke über den Embach.

Юрьевъ. Вокзалъ.

102. Im Jahre 1870 erfolgte der Bau der Bahnlinie von Reval, Estlands Hauptstadt, nach dem damaligen St. Petersburg. Sechs Jahre später wurde von dem an dieser Strecke liegenden Flecken Taps eine Bahnlinie nach Dorpat gebaut. Nachdem im Jahre 1887 Dorpat eine Bahnverbindung nach Walk erhalten und 1889 die Bahn Walk-Werro-Pskow fertiggestellt worden war, wurde Dorpat zu einem nicht unbedeutenden Bahnknotenpunkt. Die Stadt besitzt noch heute den hier abgebildeten 'nostalgischen' Bahnhof aus ihrer 'zaristischen' Vergangenheit.

103. Über die Hotels und Gasthöfe im alten Dorpat sind wir heute nur unzureichend unterrichtet, denn nur selten wurden sie abgebildet oder gar im Schrifttum erwähnt. Ein Dorpater Telefonbuch aus dem Jahre 1924 gibt folgende Hotels an: 'Arkadia', 'Bellevue', 'Commerts', 'Grand', 'Liivimaa', 'Moss', 'Peterburg' und 'Tallinn'; ein 'Kleiner Estlandführer' aus dem Jahre 1927 nur das 'Grand Hotel' und das 'Hotel Petersburg', wohl die renommiertesten am Ort. Das 'Grand Hotel', als dessen Inhaber 1924 H. Nieländer (Wallstraße 10) genannt wird, zeigen wir auf dieser aus dem Jahre 1928 stammenden Karte.

Mädchenanstalt I. Kategorie des Herrn Oberlehrer A. Grass in Dorpat.

G. Königsfeldt, Papeterie & Druckerei   Granbergs K.-A., Stockholm

104. Das Gebäude einer bekannten deutschen Schule in Dorpat zeigt diese Karte: die 'Mädchenanstalt I. Kategorie des Herrn Oberlehrer A. Grass in Dorpat'. Der Pädagoge Alfred Grass, am 25. März 1862 in Dorpat geboren, war von 1893 bis 1925 Direktor und Eigentümer einer privaten Höheren Töchterschule. Von 1925 bis 1929 unterrichtete er als Lehrer am Walter'schen Privatgymnasium und zog anschließend nach Deutschland, wo er sich von 1929 bis 1933 als Vortragsredner für Kunstgeschichte der Gesellschaft für Volksbildung in Berlin betätigte. In Dorpat gehörte Grass der Korporation 'Neobaltia' an. Er starb in Mainz am 18. August 1933.

105. Unser Bild zeigt das Gebäude des Dorpater Deutschen Theaters, das während des Ersten Weltkrieges nach den Plänen des Architekten A. Eichhorn errichtet wurde. Das Deutschtum in Dorpat war
mit Recht stolz auf sein Theater. Liebhabertruppen und auswärtige Kräfte, vor allem aus Deutschland,
boten auf Gastspielreisen dem Dorpater deutschen Publikum manchen Kunstgenuß bis zur Umsiedlung
der Deutsch-Balten im Jahre 1939. Nachdem im Jahre 1944 das estnische 'Vanemuine'-Theater niedergebrannt war, fanden die Vorstellungen dieses Theaters bis zum Jahre 1967 in ehemaligen Deutschen
Theater statt, das gleich nach 1944 instandgesetzt worden war.

106. Dorpat gilt als Wiege des estnischen Theaters. Die erste estnische Theatervorstellung in estnischer Sprache für ein estnisches Publikum, mit einem von estnischen Schauspielern aufgeführten Stück fand in Dorpat am 24. Juni 1870 statt. Das 'Vanemuine' hat eine längere Vergangenheit aufzuweisen als irgend ein anderes estnisches Theater, doch folgten seinem Beispiel bald auch andere Städte Estlands. Nachdem das erste bescheidene Vereinshaus im Jahre 1903 abgebrannt war, schritt man zur Errichtung eines neuen repräsentativen Theaters, das unser Bild zeigt.

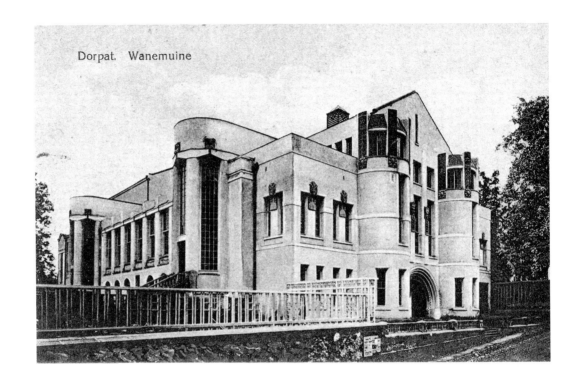

Dorpat. Wanemuine

107. Das neue 'Vanemuine'-Theater wurde in den Jahren 1905/06 nach Plänen des finnischen Architekten Armas Lindgren erbaut und am 12. August 1906 eingeweiht. Dieses Datum bezeichnet zugleich den Geburtstag des estnischen Berufstheaters. Das repräsentative Gebäude des 'Vanemuine'-Theaters hat nicht nur dem estnischen Theater einen schönen Rahmen geboten; es wurde bald auch zu einem Mittelpunkt des Musiklebens der Stadt. Seit dem Frühjahr 1908 begann ein ständiges Symphonieorchester mit der Durchführung von Sommerkonzerten im schönen Theatergarten.

108. Das 'Vanemuine'-Theater in Dorpat wurde auch zur Wiege des Musiktheaters in Estland. Oper, Operette und Singspiel fanden Eingang in sein Repertoire, und im Konzertsaal gastierten Solisten von Rang und Namen vor einem aufgeschlossenen Publikum. Erster Direktor des Theaters (1906) wurde Karl Menning, der im Jahre 1904 unter Max Reinhardt in Berlin gearbeitet hatte. Die Leitung des Theaters hatte er bis 1914 inne. Später ging er nach Reval, arbeitete als Journalist und wurde schließlich Gesandter des Freistaates Estland in Berlin, wo er fast bis zu seinem im Jahre 1941 erfolgten Tode blieb.

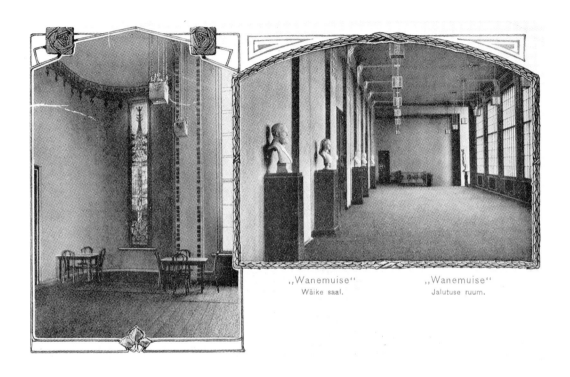

„Wanemuise"
Wäike saal.

„Wanemuise"
Jalutuse ruum.

109. Sieht man sich die Bilder des 'Vanemuine'-Theaters an, so ist es wirklich erstaunlich, was die estnische Gesellschaft Dorpats in einer Zeit, in der die erste russische Revolution von 1905/06 auch die Baltischen Länder erschütterte, an Enthusiasmus und Optimismus aufbrachte, um einen derart repräsentativen Musentempel zu errichten. Daß dieses Gebäude 1944 in Schutt und Asche sank, bedeutete einen schweren Verlust für die Stadt. Unser Bild zeigt einen Blick in den kleinen Saal und in das Theaterfoyer.

Tartu. Vabadusesild.
Dorpat. Freiheitsbrücke.

110. Nachdem die alte Holzbrücke abgebrannt war, entschloß man sich in Dorpat, dem wachsenden Verkehr Rechnung tragend, eine neue Brücke zu bauen. Sie wurde in den Jahren 1924/25 errichtet und erhielt den Namen 'Freiheitsbrücke'. Wir blicken von der neuen Brücke aus hinüber auf das Stadtzentrum und erkennen in der Bildmitte die Türme zweier Kirchen, bei denen es sich um die apostolisch-rechtgläubige Uspenskikirche (links) und die Marienkirche (rechts) handelt. Die Karte trägt einen Poststempel vom 10. Juli 1929 auf ihrer Rückseite.

111. Auf diesem Bild befinden wir uns am Fuß der Freiheitsbrücke, die im Jahre 1926 dem Verkehr zwischen den Stadtteilen westlich und östlich des Embach übergeben wurde. Unser Blick ist auf das östliche Ufer gerichtet, von dem aus das Bild auf der linken Seite aufgenommen worden war. Neben dem stattlichen Gebäude in der Bildmitte schaut rechts der Turm der Petrikirche hervor, während am dunklen Gebäude am rechten Bildrand die Aufschrift 'Tartu Linna Tööstuskool' (Industrie- beziehungsweise Gewerbeschule der Stadt Dorpat) zu erkennen ist.

112. Wir sehen auf dieser Aufnahme des Verlages Landschaftskarten-Fotodruck O. Haidak in Narva, noch einmal die Freiheitsbrücke, ein auch in unserer Zeit noch durchaus modern wirkendes Bauwerk, großzügig angelegt, mit gepflegten Anlagen. Im übrigen entspricht der Blickwinkel etwa dem der vorigen Ansichtskarte. Auch hier sehen wir den Turm der Petrikirche und rechts, nunmehr in allen Einzelheiten zu erkennen, das Gebäude der Gewerbeschule.

113. Gegen Ende der zwanziger Jahre wurde, ein wenig flußaufwärts der neuen Freiheitsbrücke, am Embach ein modernes Schwimmbad gebaut, das nicht nur für Schwimmer da war, sondern auch zur Durchführung von Wettkämpfen benutzt wurde. Es ersetzte die beiden altertümlichen Badehäuser, für Damen und für Herren getrennt, die aus der 'russischen' Zeit vor dem Ersten Weltkriege stammten und ihren Standort zwischen Steinbrücke und Holzbrücke hatten.

Tartu üliõpilasmaja.

114. Ein Foto von E. Selleke, Dorpat, hat das Studentenhaus im Bilde festgehalten. Es lag neben dem Hauptgebäude der Universität und ist auch, wenigstens teilweise, auf anderen Aufnahmen der Universität zu sehen, wie etwa auf Bild 10, das aus der Vogelschau die Universität und ihre Umgebung zeigt. Auf unserer Aufnahme überragt der Turmhelm der Johanniskirche, der seit den Tagen des Zweiten Weltkrieges nicht mehr steht, das 'Haus des Studenten'.

115. Den deutschen Truppen, die im November 1918 Dorpat verließen, folgten von Osten her die Bolschewiken auf dem Fuße. Sie besetzten Ende Dezember die Stadt, nahmen Verhaftungen vor und errichteten ein Schreckensregiment. Das Haus, das unser Bild zeigt, das 'Kreditsystem', sollte in jenen Tagen zu trauriger Berühmtheit gelangen. Im Keller dieses Hauses wurden am 14. Januar 1919 23 Gefangene der Bolschewiken erschossen, unter ihnen der griechisch-orthodoxe Bischof Platon und der Professor der Praktischen Theologie D. Traugott Hahn. Nur wenige Stunden nach dieser Bluttat wurde Dorpat befreit, die Herrschaft der Bolschewiken beendet.

116. Der Freiheitskrieg Estlands um Selbstbestimmung und Unabhängigkeit seines am 24. Februar 1918 ausgerufenen demokratischen Freistaates, der in den Jahren 1918/1920 ausgefochten wurde, führte zu Friedensverhandlungen zwischen Estland und Sowjetrußland, die am 5. Dezember 1919 in Dorpat begannen, nachdem Estland vom Feinde gesäubert worden war. Dem Waffenstillstand folgte der Abschluß des Friedensvertrages in diesem Gebäude (Gartenstraße, Haus Nr. 35), das wir hier erstmalig im Bilde zeigen.

117. Am 2. Februar 1920 beendete die Unterzeichnung des Friedensvertrages zwischen Estland und Sowjetrußland den estländischen Freiheitskrieg. Durch diesen Friedensvertrag wurde Estlands Selbstständigkeit von Sowjetrußland de jure anerkannt; es verzichtete feierlich und freiwillig und 'für ewige Zeiten' auf alle Souveränitätsrechte, die Rußland auf Grund des ehemaligen rechtlichen Zustandes und auf Grund internationaler Verträge über das Volk und das Territorium Estlands innegehabt hatte. Wir sehen hier den Leiter der estnischen Delegation, Jaan Poska, bei der Unterzeichnung des Vertrages.

RAHULEPING
EESTI JA VENEMAA
VAHEL.

МИРНЫЙ ДОГОВОР
МЕЖДУ
РОССИЕЙ И ЭСТОНИЕЙ.

118. Mögen zwei Erinnerungsstücke an den Friedensvertrag zu Dorpat zwischen Estland und Sowjetrußland am 2. Februar 1920 auch an dieser Stelle ihren Platz finden: Wir sehen hier die erste Seite dieses historischen Vertrages mit den Unterschriften aller an den Verhandlungen beteiligten Personen. Der Friedensvertrag zu Dorpat bedeutete die Krönung der Bemühungen des estnischen Volkes um die Erringung seiner staatlichen Selbständigkeit.

Rahuleping astub seaduslikku jõusse tema ratifitseerimise silmapilgust.

Igal pool, kus käesolevas lepingus algtähtajana nimetatakse rahulepingu ratifitseerimise silmapilku, mõistetakse selle all aega, mil mõlemad lepinguosalised tolmepandud ratifikatsioonist vastastikku teatavad.

Selle tõendamiseks kirjutasid mõlema poole volinikud käesolevale rahulepingule oma käega alla ja kinnitasid tema oma pitseritega.

Algkiri tehtud ning alla kirjutatud kahes eksemplaaris Tartus, veebruarikuu _teisel_ päeval aastal ükstuhat üheksasada kakskümmend.

119. Die letzte Seite des Friedensvertrages. Sie trägt die Unterschriften der Hauptunterhändler Jaan Poska (links oben) für Estland, und A. Joffe (rechts oben) für Sowjetrußland. Diese beiden Seiten des Exemplars in estnischer Sprache gab es als Postkarten. Der Friedensvertrag mit Estland in Dorpat diente Sowjetrußland als Muster für die folgenden Verträge mit ihren westlichen Nachbarn, zu denen die beiden anderen baltischen Staaten, Lettland und Litauen, gehörten.

120. Zu den Denkmälern, die während der Zeit der staatlichen Selbständigkeit Estlands in Dorpat errichtet wurden, gehört die Gestalt des estnischen Nationalhelden 'Kalevipoeg', die in dem Nationalepos gleichen Namens bis auf den heutigen Tag fortlebt. Das Denkmal, das in den Anlagen am Embachufer Aufstellung fand, ist zugleich ein Ehrenmal zur Erinnerung an den Freiheitskrieg Estlands, wie die Jahreszahlen 1918-1920 zeigen. Bei der Inbesitznahme Estlands durch die Sowjetunion wurde das Denkmal beseitigt.

121. Von den Kriegerdenkmälern, die nach der Beendigung des estländischen Freiheitskrieges in Dorpat errichtet wurden, können wir nur dieses Ehrenmal im Bilde zeigen. Es handelt sich um das Denkmal für die Gefallenen des Kavallerieregiments. Die Inschrift, die es trägt, lautet in estnischer Sprache: '1918-1920. Vabaduse eest langenud rügemendi poegadele. Ratsarügement'. (Den für die Freiheit gefallenen Söhnen des Regiments. Das Kavallerieregiment.) Daß auch dieses Denkmal heute nicht mehr steht, bedarf keiner besonderen Erwähnung.

122. Das repräsentative Gebäude, das unsere Abbildung zeigt, wurde in den dreißiger Jahren, den letzten Jahren der staatlichen Selbständigkeit Estlands, errichtet. Es war der Sitz des Schutzkorps (estnisch: Kaitseliit), das bei der Machtübernahme durch die Sowjetunion im Jahre 1940 verboten und aufgelöst wurde. Heute dient das Haus als Hauptgebäude der im Jahre 1951 gegründeten Estnischen Landwirtschaftlichen Akademie, die neben der Universität in Dorpat ihren Sitz hat.

123. Ein Stück unwiederbringliche Vergangenheit zeigt uns dieses seltene Luftbild. Es vermittelt uns einen guten Eindruck von der landschaftlich schönen Lage des Gutes Ratshof vor den Toren der Stadt, das nicht nur als Sitz des Estnischen Nationalmuseums von Bedeutung gewesen ist, sondern viel früher schon, als das Gut der Familie von Liphart gehörte, den Rahmen für festliche Konzerte namhafter Künstler abgab und sonnabends Professoren der Universität zu geselliger Tafelrunde in seinen Räumen sah. Auch russische Großfürsten pflegten auf der Durchreise auf diesem schönen Herrensitz abzusteigen.

Eesti Rahva Muuseum   Estona Nacid Muzeo   T⎽⎽⎽⎽ ⎽⎽⎽⎽⎽

124. Das Gut Ratshof, etwa einen Kilometer von der Stadt entfernt, war ein beliebtes Ausflugsziel. Seit dem Jahre 1751 gehörte es der baltischen Adelsfamilie von Liphart, die das repräsentative Herrenhaus, das im Laufe der Zeit wiederholten Umbauten und Erweiterungen unterzogen worden ist, mit viel Kunstverständnis und Geschmack einrichteten und es in den vierziger Jahren des 19. Jahrhunderts mit schönen, vom Potsdamer Gartenarchitekten Lenné gestalteten Gartenanlagen umgaben, deren Mittelpunkt ein kleiner See bildete.

125. Vor allem Karl Eduard von Liphart (1808-1891) hat dem Herrenhaus von Ratshof kostbare Wertgegenstände und Kunstschätze einverleibt. Die Bibliothek, von einer Pantheonkuppel überwölbt, umfaßte 30 000 Bände; in Kunstmappen wurden Handzeichnungen berühmter Meister aufbewahrt; die Galerie beherbergte mehrere hundert Bilder der italienischen Schule, auch Niederländer, sowie Skulpturen. Nach dem Ersten Weltkrieg wurde Ratshof verstaatlicht, wurde zunächst der Park, später auch das Herrenhaus, in dem das Estnische Nationalmuseum eingerichtet wurde, der Öffentlichkeit zugänglich gemacht.

Eesti Rahva Muuseum   Estona Nacid Muzeo   Tartu   Eesti

126. So beherbergte das Herrenhaus von Ratshof zwischen den beiden Weltkriegen nicht nur die von der Familie von Liphart zusammengetragenen Kunstschätze, sondern auch das Estnische Nationalmuseum, das mit großem Elan und unter Beteiligung weiter Kreise der Bevölkerung aufgebaut wurde und alsbald zu einer einzigartigen Sammlung und Präsentationsstelle für estnisches Kulturgut wurde. Die Bestände des Nationalmuseums und die Kunstschätze wurden während des Zweiten Weltkrieges rechtzeitig ausgelagert und vor der Vernichtung bewahrt, während das Herrenhaus selbst völlig zerstört worden ist.

127. Diese alte Aufnahme gestattet uns einen Einblick in die prunkvoll eingerichteten Räume des Herrenhauses von Ratshof. Es verfügte über einen 'Gelben Saal', einen Raum mit Wänden aus gelbem Marmor und von hervorragender Akustik, einen 'Roten Saal', in pompejanischem Stuckmarmor gehalten, die berühmte Bibliothek aus mattem Zedernholz, Schlafräume, ein Toilettenzimmer, ganz hell, im Stil Ludwigs XIII., ein Galeriezimmer mit Oberlicht, für 200 Bilder, in einem Anbau. Mit anderen Worten: Ratshof war eine Sehenswürdigkeit.

Eesti Rahwa Museum Tartus.

128. Dieses und das folgende Bild vermitteln natürlich keinen Eindruck von den im Estnischen Nationalmuseum gesammelten und ausgestellten Schätzen. Sie zeigen nur einige Beispiele estnischer Volks- und Gebrauchskunst anhand verschiedener Gegenstände von der beliebten Bierkanne bis zum handgearbeiteten Handschuh, dem Pferdegeschirr bis zum Dudelsack, dem 'torupill'. Heute gibt es weder in Dorpat noch sonstwo in Estland ein Estnisches Nationalmuseum mehr. Vermutlich soll die Bezeichnung 'national' vermieden werden.

Eesti Rahwa Museum Tartus.

129. Die Bestände des Nationalmuseums, während des Zweiten Weltkrieges vor dem Untergang bewahrt, sind in das 'Staatliche Ethnographische Museum' überführt worden, wo sie zwar schlecht und recht erhalten werden, der Öffentlichkeit jedoch kaum zugänglich sind. Aus Raumgründen kann etwa nur zwei Prozent der reichhaltigen Sammlungen durch Ausstellungen der Öffentlichkeit zugänglich gemacht werden, was sehr bedauerlich ist und von der Bevölkerung und den Touristen, die die Stadt besuchen, auch nicht verstanden wird.

130. Ein Ausflugsziel, das man von Dorpat aus recht bequem erreichen konnte, war das in der Nähe des Peipussees gelegene Gut 'Allatzkiwi' mit seinem prächtigen schloßartigen Herrenhaus. Das Gut gehörte im 19. Jahrhundert den Baronen von Nolcken. Einer von ihnen, der auf einer Reise nach Schottland das Königsschloß 'Balmoral' gesehen hatte, war von diesem so begeistert, daß er in den sechziger Jahren des 19. Jahrhunderts in Allatzkiwi eine (verkleinerte) Nachbildung von Schloß 'Balmoral' errichten ließ. Dieses Schloß zeigt uns unsere Abbildung. In den Jahren zwischen den beiden Weltkriegen war hier der Grenzschutz untergebracht. Die heutige Nutzung des erhalten gebliebenen Gebäudes ist nicht bekannt.

131. Hielt der Winter seinen Einzug, blieben die Kaleschen der Fuhrleute im Schuppen und wurden durch Schlitten ersetzt, wie wir sie hier auf dem Bilde sehen. Sie hatten in der Stadt ihre bestimmten Standplätze und wurden gern benutzt. Sie waren eng und boten zwei Erwachsenen gerade noch Platz zu einer Fahrt zum oder vom Theater oder Konzert, oder nach Ratshof. In so großer Zahl, wie auf der alten Aufnahme hier, pflegten sie allerdings nur selten auf einmal in Erscheinung zu treten. Das mußte schon einen bestimmten Anlaß haben. Welchen, das wissen wir heute nicht mehr...

132. Am 30. Juni 1632 hatte König Gustav II. Adolf von Schweden die Stiftungsurkunde der Universität Dorpat unterzeichnet. Die Begründung dieser 'Academia Gustaviana' gewann zunächst für die Baltischen Länder, in der Folgezeit aber auch weit über ihre Grenzen hinaus, bleibende Bedeutung. Am 26. Juni 1928 wurde dem Stifter der Universität hinter ihrem Hauptgebäude ein Denkmal enthüllt. Die Weihe wurde durch den bekannten schwedischen Erzbischof Nathan Söderblom vollzogen.

133. Zur Feier des 300jährigen Bestehens der Universität im Jahre 1932 war zahlreiche Prominenz aus dem In- und Ausland, vor allem auch aus Schweden, in Dorpat eingetroffen. Natürlich weilten sie auch am Denkmal des Stifters; hier (von links nach rechts) sehen wir den Bischof der evangelisch-lutherischen Kirche Estlands, Jakob Kukk, den Staatsältesten Estlands, Jaan Teemant, den schwedischen Kronprinzen und nachmaligen König Gustav VI. Adolf von Schweden, hinter ihm (mit Spitzbart) den namhaften estnischen Politiker Jaan Tönisson und den schwedischen Gesandten in Riga, Reutersvärd.

134. Die Dreihundertjahrfeier der Universität im Sommer 1932 wurde in festlichem Rahmen begangen. Sie begann am 29. Juni mit einem Fackelzug der Studenten. Am folgenden Tage fand ein Festgottesdienst in der Universitätskirche statt, dem ein Festaktus in der Aula der Universität sich anschloß. Aus aller Welt waren Gäste eingetroffen; insgesamt 60 ausländische Universitäten waren durch ihre Abgesandten vertreten. Es erschienen Festschriften, Briefmarken, Jubiläumsmünzen und Gedenkmedaillen; das Hauptgebäude der Universität – wir sehen es hier beim Fackelzug der Studenten – war festlich illuminiert.

135. Der Zweite Weltkrieg fügte der Stadt Dorpat schwerste Schäden zu. Zu den eindrucksvollsten Bildern, die uns die in jenen Jahren, vor allem 1941, schwer getroffene Stadt zeigen, gehört sicherlich dieses mit dem Denkmal König Gustav Adolfs, von Ruinenschutt umgeben. Das Denkmal scheint unversehrt, die Inschrift auf dem Sockel 'Gustavus Adolphus Rex Sueciae, Fundator Universitatis Dorpatensis' erhalten. Im Zuge der Aufräumungsarbeiten nach Kriegsende ist das Denkmal jedoch entfernt worden und seitdem verschwunden, die Erinnerung an den Stifter der Universität aus dem Stadtbild gelöscht.

136. Reihenweise, wie dieses Bild zeigt, fielen während des Zweiten Weltkrieges, die Häuser hinter dem Rathaus der Zerstörung anheim. Es ist als eine glückliche Fügung anzusehen, daß das Rathaus selbst den Krieg mit verhältnismäßig nur geringfügigen Beschädigungen, die inzwischen beseitigt wurden, überstanden hat. Aus den Jahren des Zweiten Weltkrieges haben sich einige Aufnahmen erhalten, die Wahrzeichen der Stadt zeigen, die durch Kriegseinwirkung zerstört wurden. Wir zeigen hier einige davon.

137. Die Ruine der Marienkirche zeigt uns dieses Bild. Das im Jahre 1842 eingeweihte Gotteshaus ist nicht wieder aufgebaut worden. Seine Ruine hat man nach dem Kriege zu einer Turnhalle der Estnischen Landwirtschaftlichen Akademie umgebaut.

138. Auf diesem Bild sehen wir das, was von Dorpats schönstem Wahrzeichen, der Steinbrücke übrig blieb, nachdem im Jahre 1941 die Rote Armee auf ihrem Rückzug vor der Deutschen Wehrmacht die Brücke gesprengt hatte. Heute spannt sich an dieser Stelle über den Embach eine nichtssagende Fußgängerbrücke, die im Jahre 1959 dem Verkehr übergeben worden ist.

139. Auch der Kaufhof, den uns dieses Bild aus der zerstörten Stadt zeigt, gehörte sicherlich zu jenen durch den Krieg zerstörten Wahrzeichen Dorpats, die der Stadt ihre Prägung verliehen haben. Wie so vieles, was das alte Dorpat unverwechselbar und liebenswert machte, gibt es auch den Kaufhof heute nicht mehr.

140. Im Jahre 1982 beging die Universität Dorpat ihr 350jähriges Jubiläum. Ob das Gebäude, in dem sie vor 350 Jahren, am 15. Oktober 1632, feierlich eröffnet wurde, genau so ausgesehen hat, wie diese Abbildung es uns zeigt, vermag mit Sicherheit nicht gesagt zu werden. Das Haus, das die 'Academia Gustaviana' beherbergt hat, steht nicht mehr, doch sollen Teile der Mauern und das Fundament des Hauses Nr. 28 der Universitätsstraße, das der Johanniskirche gegenüber liegt, zum Gebäude der ersten Universität Dorpats gehört haben. Doch: 'Das Haus mag zerfallen – was hat's für eine Not? Der Geist lebt in uns allen, und uns're Burg ist Gott.'